전면 개정판

바른영어훈련소
수능 / 공무원 / 토플 / 텝스 등
각종 시험대비 독해 구문법

만점으로 가는 마지막
비상구 100

▶ YouTube "영문법" 1위*

* 100개의 엄선 된 지문 완벽 칼분석
* 각 지문의 문법사항 완벽 점검

3시간만에 끝내는
영문법 제공

You Tube 무료 강의

▶ YouTube
130만 조회
26만시간 시청!

GRAMMAR ACHIEVEMENT TEST IN ENGLISH

www.properenglish.co.kr

김정호 지음

*You Tube 바른영어훈련소 채널 공식 기록 2019.1.1 기준
*You Tube 검색창 "영문법" 검색시 1위 노출 (광고 제외) 2019.1.1 기준

만점으로 가는 마지막 비상구

개정 4판 2쇄 발행 2021. 06. 23

저 자	김정호 (Tommy Kim)
발행처	㈜바른영어사 출판사업부
기 획	(주)바른영어사
디자인	강민정
인쇄처	필커뮤니케이션
주 소	[16889] 경기도 성남시 분당구 느티로 16, 9층
대표전화	(02)817-8088 | **팩 스** (031)718-0580
홈페이지	www.properenglish.co.kr

이 책의 무단 전재 또는 복제행위는 저작권법 제97조의5에 의거, 5년 이하의 징역 또는 5,000만원의 벌금에 처하거나 이를 병과할 수 있습니다.

ISBN 979-11-85719-25-2
CIP 제어번호 2019003008

정가 16,900 원

머리말

www.properenglish.co.kr

난무(亂舞)... 어지럽게 춤추다. 갈릴레이를 아십니까? 아이작 뉴우튼은 이렇게 말했습니다. "나는 인간이 지금까지 볼 수 있었던 가장 먼 지평선을 보았다. 하지만 나는 갈릴레오라는 거인의 어깨에 올라앉아 그 세상을 보았던 것이다." 그 갈릴레오가 지구와 그 외의 행성들, 그리고 우리의 항성인 태양을 관측하고 그 당시까지 유럽세계의 천체관을 지배하고 있었던 프톨레마이오스(Ptolemaios, 영어발음 톨레미)의 천동설에 근거한 거짓된 세계의 원형에 이의를 제기하고 나섰을 때 그의 심정은 어떠했을까요. 그에게 가해지던 사회적 형벌과 독설의 수준은 가늠하고도 남을 것 같습니다. 그는 1616년 그의 첫 번째 종교재판이후 1633년 다시 굴욕적인 맹세, 즉 코페르니쿠스의 이론에 입각한 세계관이 사악한 이단의 행위이며 다시는 이를 연구하지 않겠다는 약속까지 하게 됩니다. 무릎을 꿇고서 말입니다. 그 후 평생 가택연금을 당했고 사후 장례식도 치를 수 없었으며 묘비조차 세울 수 없었던 가혹한 형벌 앞에서 근대물리학의 기초를 닦은 이 위대한 천재가 짊어져야 했던 멍에를 헤아려보십시오. 이런 일은 불행히도 인간사의 흔한 부조리 중 하나일 뿐입니다. 부조리말입니다.

한국에서 벌어지고 있는 영어교육논란

흔히들 한국인은 민족적 자질이 우수하고 근면하며 창의력이 뛰어나다고 평가됩니다. 특정 영역에서 비교적 짧은 시간 안에 한국인들이 장인이 되는 이유도 거기에 있다고 봅니다. 남들이 수 십년 걸려서 이룩하는 업적들을 한국인들은 그 십 분지 일도 안 되는 시간 안에 이루어 내곤 했습니다. 모든 면에서 그렇다면 참으로 기운 나는 말입니다. 하지만 특정 영역에서 한국인들이 연속된 좌절과 패배를 맛보는 곳이 있다면 그곳은 어디일까요? 그것이 혹시 영어교육이라는 분야는 아닐까요? 오랜 세월 동안 대다수의 한국인들이 이 국제어에게 고통을 받고 있다면 그것을 국가적 차원에서 해결했어야 하지 않을까요? 이제는 소위 '먹고 살만한데' 말입니다. 아니면 이 패배를 민족 언어에 대한 자긍심, 반사대주의 혹은 정치적 냄새가 진동하는 다른 '덕목'들로 가린 채 한시적 무통주사의 평화 속에 누워 있는 것은 아닐까요? 환부는 썩고 있는데도 말입니다. 연전, 한 문필가가 모 신문에 [영어를 제 2국어로 하는 2개 국어 병용교육]에 관한 진지하고 용감한 소고를 올렸다가 비판론자들의 포화를 맞던 사건이 기억납니다. 그 분은 소설가이자 국문학을 사랑하는 사람이었습니다.

영어 울렁증

저는 한국인들의 창의성과 우수성을 우리의 초, 중, 고교의 교과과목에 투영시켜 보았습니다. 많은 교과량을 배당받고도 처참한 이 영어교육의 결과에 도대체 무엇이 문제일까요? 이를 해결하겠다고 나선 대한민국 대표선수(?)들의 현란한 문구와 구호도 결국은 상업주의로 경도된 [자칭]이자 [자처]가 아니었던가요? 한국인들은 여전히 이 국제어에 관해서는 심하게 말해 지리멸렬상태에 있습니다. 가족해체를 초래했던 조기유학이라는 극약처방까지 쓰게 되었으니까요. 각종 시험에서 어떻게든 정답이라는 것을 낚아가지만 그것은 엄밀히 말해 시험점수일 뿐 우리는 여전히 영어를 말하고 듣고 쓰고 읽는데 애를 먹고 있습니다. 영어울렁증(English Anxiety)은 이미 오래전부터 진행 된 사회적 신드롬입니다. 저는 특별히 이를 잘 알겠습니다. 왜냐하면 제가 바로 이런 지리멸렬의 한 가운데 서 있기 때문입니다. 부상당한 여러 영어 학도들과 함께 말입니다.

영어 공부 절대로 해야 한다

우리 사회에서 소위 '영어를 공부로 하지 말고 즐겨라' 하는 식의 다소 비 전문적이고 단편적인 문구들이 많이 있습니다. 어떤 지식을 쌓고 그것을 기술적으로 활용할 목적이 있다면 그 지식이 습득되는 배경환경을 가장 먼저 고려해야 합니다. 건축물을 예로 들어 본다면, 그 건축물이 사막에서 만들어져, 그곳에 세워지는 것인지, 강변에서인지, 숲에서인지, 암벽 산에서인지에 따라 사용하는 건축 재료와 건축기법이 달라지는 것입니다. 우리는 누구도 이집트의 기자사막위에서 목재건축물을 상정하지 않을 것입니다. 자재를 구하기 어렵다는 것은 별도로 하고라도 그 강력한 모래바람과 강렬한 태양광에서 오래 버티기 위해서는 석재가 적합했겠지요. 석재를 사용함으로써 건축기법도 석재에 맞게 이루어져야 했을 것입니다. 비록 그 건축술은 아직도 미스테리이지만 말입니다. 영어 학습이라는 건축물로 돌아와 보면 우리가 영어를 배우는 곳이 학습에 적합한 곳인지, 실전에 적합한 곳인지를 알아야 합니다. 비영어권 국가와 영어모국어권 국가, 이 둘 중 어디서 영어를 배우느냐에 따라 학습법은 당연히 달라집니다. 우리에게 생존영어의 환경이란 것은 엄밀히 존재하지 않습니다. 하지만 만약 우리가 영어모국어권 안에서 영어를 배운다면 우리는 이미 영어를 '배우는 것'이 아니라 체득하고 있는 중일 것입니다. 이런 조건 하에서라면 말과 소리가 먼저 체득되고 글과 이에 따른 법칙은 자연스레 이해될 것입니다. 우리가 어린 시절 우리의 모국어인 한국어를 배우던 과정처럼 말입니다.

하지만 우리가 영어를 모국어 내지 제 2 모국어로 사용하고 있지 않은 한국에서 영어를 배우고 있기 때문에 엄격히 본다면 단 순간도 생존을 위해 영어를 듣고 말하고 읽고 쓰지는 않고 있습니다. 그러므로 영어는 서

바이벌 랭귓지(language for survival)가 아니라 저스터나더 초이스(just another option) 일 뿐입니다. 그런데 이 선택적 학습의 결과는 다소 혹독하게 대가를 치르게 하고 있습니다. 진학, 직장에서의 승진, 사업, 여행, 교제, 심지어 취미생활에 대한 추구까지 이 영어능력은 혜택이 되기도 하고 걸림돌 작용도 하고 있습니다. 이제, 영어를 공부해서 좋은 결과를 얻어야 된다는 결심은 매우 타당하게 보입니다.

micro to macro

 [저는 높게 날았습니다. 그리고 숲의 모양을 보았습니다. 숲이니 당연히 나무와 물과 열매가 있을 것이라고 생각하고 착륙했습니다. 하지만 제가 내린 곳은 숲이 아니었습니다.] 왜 이런 실수가 있을 것이라고 상정하십니까? 그것은 그 사람이 나무라는 것을 제대로 본 적 이 없는, 즉 나무에 대한 정보가 없는 비행사였기 때문이었습니다. '숲' 이라는 단어는 '나무' 에 대한 이해를 전제로 한, 다음 단계의 거시안목입니다. 이 사람은 미시안목조차 훈련되지 않은 상태로 현학의 허세를 부렸기 때문입니다. 잎사귀, 줄기, 뿌리 등, 나무에 대한 최소한의 정보도 모른 채 숲을 안다고 나서지 말기로 합시다. 그것은 본말의 전도입니다. 글에서 그리고 말에서, 행위의 주체인 주어를 어떻게 만들고 구별하는지, 그 후 술어동사 부분은 구성하고 전개하는지, 행위의 대상인 목적어가 무엇인지, 이파리들을 가지에 붙들어 매는 접속사가 무엇인지 등에 대해 우선 알아야 나무의 종류들도 구별하고 그것들이 군집을 이루는 숲의 모양과 특성도 이해하게 되는 것입니다. 즉, 자연계를 이루는 작은 것들에 대한 우선적 이해가 다음 지식을 선도하게 되는 것입니다. 한국에서 영어를 배우는 한은 top down 방식이 아닌 micro to macro 방식을 채택해야 합니다.

한국어와 영어, 그 둘만의 상관성

 영어를 배우는 민족마다 그 민족어의 체계가 영어에 대해 상대적으로 갖는 특별한 성질이 있습니다. 즉, 중국어와 영어, 일본어와 영어, 스페인어와 영어 등등에 적용되는 학습법은 서로 매우 다르다고 볼 수 있습니다. 우리 한국어와 영어에서의 가장 큰 차이점을 이해하고 이를 극복하는 데에 우선 주안점을 두어야 합니다. 섣불리 원서를 들고 허세를 부리거나, 막무가내로 영어를 듣고 따라하거나, 무조건 영어 드라마나 영화에 도전하다보면 쉽게 한계에 부딪히고 흥미를 잃게 됩니다. 알파벳과 한글문자의 차이, 발음체계의 차이, 위치어인 영어와, 정황어인 한국어의 차이, 각 언어의 수식위치에서의 차이, 이런 차이점들이 우선적으로 학습되어야 합니다. 그러면 서서히 자신감이 생깁니다.

올바른 영어 학습법

　섣부른 '직독직해' 훈련은 오히려 영어를 더욱 어려워 보이도록 만들고 영어생성체계에 전혀 익숙하지 않은 학습자들은 한국어에서 그러하듯이, 희미하게 알고 있는 영단어의 의미들로 그 글이 주는 정보를 엉망으로 추측하게 될 것 입니다. 직독직해란 영어원어민들의 독해훈련용으로 고안된 접근법입니다. 이를 한국인들에게 바로 적용하는 것은 상당한 무리가 따릅니다. 듣기는 소리에 의한 정보 전달이므로, 소리를 공간에 붙들어 매어둘 수 없기 때문에 발음에 대한 기초 훈련과 더불어 직청직해와 속청(intensive listening)이라는 훈련을 병행해서 해야 하지만 작문과 독해는 완전히 다른 훈련 영역입니다. 저의 이 졸서에서 우리는 이런 원리들을 터득해 나갈 것입니다. 이 책을 시작으로 여러분은 비교적 가장 정확하고 올바른 방법에 의해 영어를 공부하게 될 것입니다. 여러분이 만약 영어 학습에 '대박' 이라는 천박한 심리만을 들이대지 않는다면 여러분의 영어는 '기쁜 영어, 즐거운 영어' 가 될 것입니다. 언제나 부족하다는 것을 알고 있기 때문에 저 역시 부단히 해당분야와 그 학습법에 대해 연구하고 노력할 것입니다.

진실로 알아가는 학습, 영작문을 가능하게 하는 학습

　천 리길도 한 걸음부터라는 지혜의 격언과 함께 언제나 가시밭길 끝에 영광의 면류관이 있다는 평범한 진리를 기억해 주십시오.

저자 **김정호**

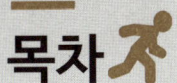

목차

www.properenglish.co.kr

PART I	머리말	007
PART II	3시간 만에 끝내는 문법 총정리	012
PART III	칼분석 100제	021

칼분석 지문 100제

지문	페이지	지문	페이지	지문	페이지
001 번 지문	021	033 번 지문	085	068 번 지문	155
002 번 지문	023	034 번 지문	087	069 번 지문	157
003 번 지문	025	035 번 지문	089	070 번 지문	159
004 번 지문	027	036 번 지문	091	071 번 지문	161
005 번 지문	029	037 번 지문	093	072 번 지문	163
006 번 지문	031	038 번 지문	095	073 번 지문	165
007 번 지문	033	039 번 지문	097	074 번 지문	167
008 번 지문	035	040 번 지문	099	075 번 지문	169
009 번 지문	037	041 번 지문	101	076 번 지문	171
010 번 지문	039	042 번 지문	103	077 번 지문	173
011 번 지문	041	043 번 지문	105	078 번 지문	175
012 번 지문	043	044 번 지문	107	079 번 지문	177
013 번 지문	045	045 번 지문	109	080 번 지문	179
014 번 지문	047	046 번 지문	111	081 번 지문	181
015 번 지문	049	047 번 지문	113	082 번 지문	183
016 번 지문	051	048 번 지문	115	083 번 지문	185
017 번 지문	053	049 번 지문	117	084 번 지문	187
018 번 지문	055	050 번 지문	119	085 번 지문	189
019 번 지문	057	051 번 지문	121	086 번 지문	191
020 번 지문	059	052 번 지문	123	087 번 지문	193
021 번 지문	061	053 번 지문	125	088 번 지문	195
022 번 지문	063	054 번 지문	127	089 번 지문	197
023 번 지문	065	055 번 지문	129	090 번 지문	199
024 번 지문	067	056 번 지문	131	091 번 지문	201
025 번 지문	069	057 번 지문	133	092 번 지문	203
026 번 지문	071	058 번 지문	135	093 번 지문	205
027 번 지문	073	059 번 지문	137	094 번 지문	207
028 번 지문	075	060 번 지문	139	095 번 지문	209
029 번 지문	077	061 번 지문	141	096 번 지문	211
030 번 지문	079	062 번 지문	143	097 번 지문	213
031 번 지문	081	063 번 지문	145	098 번 지문	215
032 번 지문	083	064 번 지문	147	099 번 지문	217
		065 번 지문	149	100 번 지문	219
		066 번 지문	151		
		067 번 지문	153		

▶ YouTube "영문법" 1위*

3시간만에 끝내는
문법 총정리

강의 무료 보기
QR 코드

https://youtu.be/_y1tg1RCqNc

▶ YouTube 400만 조회, 120만시간 시청!**

☑ 미국 공교육 커리큘럼에 맞춘 영문법 과정!
☑ 발음부터 제대로 시작하는 진짜 기초영어!

타미샘 유투브 채널 링크 QR코드

**You Tube 바른영어훈련소 채널 공식 기록 2021.03.18 기준
*You Tube 검색창 "영문법" 검색시 1위 노출 (광고 제외) 2021.03.18 기준

문법용어 총정리

www.properenglish.co.kr

1 8품사

품사	문법기호	정의	예제
명사	n. (noun)	사람, 사물, 물질, 개념, 행위에 붙여진 이름	Ann, doctor, Paris, sorrow
대명사	pron. (pronoun)	명사나, 명사구 대신에 사용되어지는 말	he, it, hers, me, them
동사	v.(verb)	행동, 사건, 상태를 표현하는 말	eat, happen, exist
형용사	adj. (adjective)	명사의 성질이나 상태를 묘사하는 말	big, red, clever
전치사	prep. (preposition)	명사 앞에 붙는 토씨	in, from, to, out of, on behalf of
접속사	conj. (conjunction)	단어나, 구 혹은 절들을 서로 이어주는 말	but, and, or
부사	adv. (adverb)	동사, 형용사, 부사, 절을 꾸미는 말	very, quickly, soon, so
감탄사	int. (interjection)	감정을 표현하는 말	Oh!, shit!, wow!

2 길이에 따른 구성

명칭	영어 표기	정의	예문
단어	word	최소한의 의미 단위	wide, a, in, make
구	phrase	두 단어 이상으로 만든 품사	well-made, in spite of, look at
절	clause	주어와 술어를 포함하는 구조	I think that she is smart.
문장	sentence	마침표(.), 물음표(?), 느낌표(!)로 끝난 부분	Are you okay?
문단	paragraph	하나의 주제가 완성되어지는 구역	....

3 5형식 (한국인을 위한 편의적 구분, 영어권에서는 사용하지 않음)

명칭	영어 표기	의미	예제
주어	S (subject)	행위의 주체	I love her.
술어 동사	P (predicate)	주어의 행위, 상태	I love her
주격보어	C (complement)	be 나 become 동사 뒤에 오는 말	I am a Korean.
목적어	O (object)	타동사나 전치사의 짝	I love her. Sit on it.
간접목적어	I.O (indirect object)	수여동사의 첫 목적어	I give him hope.
직접목적어	D.O (direct object)	수여동사의 두번째 목적어	I give him hope.
목적격보어	O.C (object complement)	목적어 다음에 오는 명사, 형용사	I made him my servant.
주어, 술어, 목적어, 보어의 사용에 따른 절의 구조 구분			
1형식	S + P	주어 + 술어로 완성	I go there often.
2형식	S + P + C	주어 + 술어 + 보어로 완성	She is beautiful.
3형식	S + P + O	주어 + 술어 + 목적어로 완성	She loves me.
4형식	S + P + I.O + D.O	주어 + 술어 + 목적어 + 목적어로 완성	She makes me a cup of coffee.
5형식	S + P + O + O.C	주어 + 술어 + 목적어 + 보어로 완성	He makes her his wife.

4 수식어 (전치수식어, 후치수식어)

전치수식어	어떠한 단어나 구를 앞에서 꾸미는 수식어구	the former president
후치수식어	어떠한 단어나 구를 뒤에서 꾸미는 수식어구	the boy to sing tonight

5 구 (명사구, 형용사구, 동사구, 부사구, 전치사구)

명사구	두 개 이상의 단어로 이루어져서 명사의 역할을 하는 구	safety regulations
형용사구	두 개 이상의 단어로 이루어져서 형용사의 역할을 하는 구	full of flowers
동사구	두 개 이상의 단어로 이루어져서 동사의 역할을 하는 구	carry on, put off
부사구	두 개 이상의 단어로 이루어져서 부사의 역할을 하는 구	in the house, by + ing
전치사구	두 개 이상의 단어로 이루어져서 전치사의 역할을 하는 구	because of

6 절 (명사절, 형용사절, 부사절)

명사절	"접속사 + 주어 + 술어" 가 명사의 역할	The belief that the world was round was not peculiar to Columbus.
형용사절	"관계사 + 주어 + 술어" 가 형용사의 역할	This pencil is better than the one which I bought yesterday.
부사절	"접속사 + 주어 + 술어" 가 다른 절을 수식함	Speak louder so that everybody can hear you.

7 전치사 to ?   to부정사의 to ?

전치사 to	to + 명사, 대명사, 동명사, wh-	to me, to living here, to who you are
to부정사의 to	to + V.R	We would like to inform you of the reason.

8 to부정사의 용례

주어로 사용될 때	To V.R...+ P	To be a movie star must be a terrific experience.
가주어, 진주어 구조	It + P... to V.R	It must be a terrific experience to be a movie star.
주격보어로 사용될 때	P + to V.R	He seems to love her.
목적보어로 사용될 때	P + O + to V.R	I urged him to follow the advice.
목적어로 사용될 때	vt + to V.R	I want to buy a cheaper one.
wh- + to부정사	wh- + to V.R	I don't know what to do.
목적적 해석의 to부정사	To V.R, S + P	To get up early, he sets the alarm.
결과적 해석의 to부정사	S + P... + (only) to V.R	He grew up to become a monk.
감정의 원인 to부정사	S + P (감정표현) + to V.R	I was surprised to know the result.
후치수식 관계	명사 + to V.R	I need something to drink.
가목적어, 진목적어 구조	vt + it + O.C + to V.R	He makes it possible to speak freely.
판단의 근거인 to부정사	S + must + P + to V.R	He must be smart to act like that.
숙어적 to부정사	be + 형용사 + to V.R	He is reluctant to be exposed to mass media.
독립부정사	콤마로 독립된 부정사	He is, so to speak, a walking dictionary.

9 타동사 ? 자동사 ?

자동사	자동사 (vi) 는 목적어 없이 의미 완성	A new crisis arose.
타동사	타동사 (vt) 는 목적어와 함께 의미 완성	I hate this situation.
1형식 자동사	주어와 함께 의미 완성	I go there often.
2형식 자동사	주어, 보어와 함께 의미 완성	She is beautiful.
3형식 타동사	목적어와 함께 의미 완성	She loves me.
4형식 타동사	2개의 목적어와 함께 의미 완성	She makes me a cup of coffee.
5형식 타동사	목적어, 목적보어와 함께 의미 완성	He made her his wife.

10 동사구 (두 개 이상의 단어로 이루어진 동사)

동사구	동사 + 다른 단어 (전치사, 부사 등)	go in for, win over, see to, put off, give up

11 짝개념

주어와 술어동사	주어의 짝은 술어동사	He is a doctor.
타동사와 목적어	타동사의 짝은 목적어	I like him.
전치사와 목적어	전치사의 짝은 목적어	He is afraid of me.

12 유도부사

유도부사	어떤 대상을 소개(유도)하기 위하여 문장의 맨 앞에 쓰이는 부사	There are apples.

13 수동태

수동태	be + p.p 를 써서 주어가 행위의 대상임을 표시	능동 : A(주어)+동사+B(목적어)	I killed him.
		수동 : B(주어)+be p.p (by A)	He was killed (by me).

14 분사형용사, 분사후치수식, 분사구문

분사형용사	동사에 ing, p.p 를 붙여서 만든 형용사	interesting man (흥미롭게 하는 남자)
분사 후치수식	분사가 앞의 명사를 꾸며줄 때	man interesting me. (나를 흥미롭게 하는 남자)
분사 구문	부사절을 분사로 바꾼 구조	Coming tomorrow, you can meet him.

15 동명사

동명사	동사 + -ing 로 행위를 명사화 함	Watching TV is fun.

16 가정법 (알고 하는 가정, 모르고 하는 가정)

모르고 하는 가정	모르고 하는 가정 (그는 정직할지도 모른다) If he is honest, I must hire him.
현재 반대 가정	알고 하는 가정 (나는 새가 아니기 때문) If I were a bird, I could fly to you.
과거 반대 가정	If I had been encouraged, I might have done it better. (과거에 격려 받지 못했을 때)
과거 반대 가정 현재 반대 결과	If they had not married each other, they would be living better. (과거에 결혼 후, 현재 혼한 결혼 생활)

17 완료시제

완료시제	기준 시점보다 먼저 발생한 일을 기준 시점과 연관지을 때 사용함	have, has, had + p.p have, has, had + been p.p
현재완료시제	과거의 일을 현재와 연관시켜서 말할 때	I have just eaten lunch.
과거완료시제	과거의 일을 다른 과거와 연관시켜서 말할 때	When I met her, she had lost it.
미래완료시제	미래의 기준시점에서 어떤 일이 완료될 때	By next year, he will have finished it.

18 도치구문, 강조구문, 생략

형식 도치	주어, 술어, 목적어, 보어의 위치가 바뀜	Happy are those who are ignorant.
문 도치	평서문이 의문문 어순으로 바뀜	Seldom did I dream of being a teacher.
강조구문	특정한 어휘나 구문을 강조함	He did come back last night.
생략구문	말의 경제성을 위해 일부를 생략함	If necessary, I will go there.

만점으로 가는 마지막 비상구

비상구 100지문

001 문맥이나 어법상 어색한 것을 찾아라

Cultural differences (1) <u>makes the world an interesting place</u> (2) <u>in which to live</u>. However, in studying how people live, ❶ it is important to remember that all cultures have much in common. In nearly every culture, for example, people live in family groups. ❷ Religious beliefs are also an important part of every culture. (3) <u>So is language</u>. In addition, every culture has ideas about beauty and (4) <u>how to enjoy life</u>. One of the most important jobs of every culture is (5) <u>caring for its young people</u>. This care includes education. Children everywhere learn the culture of their parents.

점검하기

❶ it + V... + to V.R : (가주어 진주어 용법) to V.R 하는 것은 V하다

(1) It is nice to have what you want when you want it, but the ability to delay satisfaction is important.
원하는 것을 원할 때 갖는 것은 좋은 일이지만, 만족을 지연하는 능력은 중요하다.

(2) It is important to be mindful about every single aspect of purchasing food.
식품을 구입하는 데 있어서 하나하나 모든 면에 주의를 기울이는 것이 중요하다.

❷ A + be + B (명사) : A는 B이다 (2형식 be 동사 뒤 보어 위치에 '명사'가 오면 'A=B' 관계이다)
cf) 주격보어 자리(B위치)에 형용사가 오면 주어의 상태를 설명하는 것으로써, '주어의 상태를 동사적으로 해석'한다.

(1) This is a laptop computer.
이것은 랩탑 컴퓨터이다.

(2) My job is great.
내 직업은 대단하다.

칼분석 100지문

Cultural differences make the world an interesting place in
　　　　S　　　　　　　V　　　　O　　　　　　　O·C

which to live. However, in studying [how people live], it is important to
의문사 + to V.R　　　　　　in ~ing　　　　명사절　S₂　V₂　가S₁ V₁　　　　C₁
　　　　　　　　　　　　=~하는데 있어서　접속사

remember [that all cultures have much in common.] In nearly every culture,
진S₁　　　명사절　　S₃　　V₃　　O₃
　　　　　접속사

for example, people live in family groups. Religious beliefs are also an
　　　　　　S　　V　　　　　　　　　S　　　　　V

important part of every culture. So is language. In addition, every
　　　C　　　　　　　　　V　　S
　　　　　　　　　　　　　도치구문

culture has ideas about beauty and how to enjoy life. One (of the most
　S　　V　　O　　　　　　　등위접속사 and 병렬구조　　　　　단수S 빈출 수일치 문제

important jobs of every culture) is caring for its young people. This care
　　　　　　　　　　　　　　　　단수V　C (동명사)　　　　　　　　　　　S

includes education. Children everywhere learn the culture of their parents.
　V　　　O　　　　　S　　　　형용사　　　V　　　　　　O
　　　　　　　　　　　　　　　후치수식

해석
문화적 차이는 세상을 살기에 흥미로운 곳으로 만든다. 그런데 사람들이 살아가는 방식을 연구하는 데 있어서는, 모든문화는 많은 것들을 공통으로 가지고 있다(많은 공통점을 지닌다)는 것을 기억하는 것이 중요하다. 예를 들면, 거의 모든 문화에서, 사람들은 가족 공동체 속에 살아간다. 종교적인 신념 (은) 또한 모든 문화의 중요한 부분이다. 언어 역시 마찬가지이다. 이 외에도, 모든 문화는 미(美), 그리고인생을 어떻게 즐길 것 인가에 대한 생각을 가지고 있다. 모든 문화에 있어 가장 중요한 일들 중 하나는, 그것의(그 문화의) 젊은 세대들을 보살피는 것이다. 이러한 보살핌은 교육을 포함한다. 모든 장소의 아이들은 그들의 부모의 문화를 배운다.

정답
(1) makes the world an interesting place.
　→ make the world an interesting place.

002 문맥이나 어법상 어색한 것을 찾아라

Etiquette (1) <u>makes living with other people a more comfortable and pleasant experience</u>. ❶ Without this, people (2) <u>would act</u> like wild animals. Every person is born selfish. In childhood, we care only about our own comfort. As we grow, we come to know (3) <u>how to act</u> not to disturb others' privacy ❷ by learning this. This (4) <u>is called</u> a set of rules for appropriate behavior. Every country has its own rules of this. For instance, Americans talk a lot at meals, but it (5) <u>considered inappropriate</u> to do so in Korea. And it is impolite to visit a person without prior notice even if he is a friend while almost every Korean doesn't think it too serious.

점검하기

❶ without A, S + would + V.R / S + would(might) + have pp : (if 절이 없는 단문 형태의 가정법) A가 없다면, ~했을 것이다.

(1) He might have lost track of time, without the sound of the stroke.
시계 소리가 없었으면, 그는 시간 가는 줄을 몰랐을 뻔 했다.

❷ by ~ing : ~함으로써

(1) Some of us have faith that we shall solve our dependence on fossil fuels by developing new technologies for hydrogen engines, wind energy, or solar energy.
우리들 중 일부는 수소엔진, 풍력에너지, 또는 태양에너지를 얻기 위한 새로운 기술을 개발함으로써 화석연료에 대한 의존을 해결할 거라는 믿음을 가지고 있다.

(2) Make writing as easy for you as you can by not being concerned with how good the first draft is.
초고가 얼마나 좋으냐에 대해 상관하지 않음으로써 당신이 할 수 있는 한 글쓰기를 쉬운 것으로 만들어라. 당신이 나중에 추구하기를 원하는 생각들을 교정하고 다듬을 시간이 있을 것이다.

칼분석 100지문

Etiquette makes living with other people a more comfortable and
S   V   O   O·C
         동명사: ~하는 것

pleasant experience. Without this, people would act like wild animals.
                    without 가정법   S   V
                    : ~이 없다면

Every person is born selfish. In childhood, we care only about our own
S   V   추가보어 (유사보어)   S   V   부사

comfort. As we grow, we come to know how to act not to disturb
           S₁ V₁   S₂ V₂   Vt₃   O₃
                                주격보어 know의 목적어 ~하지 않기 위해서 (to부정사)

others' privacy by learning this. This is called a set of rules for
                                  S   V   S·C
                                  수동태

appropriate behavior. Every country has its own rules of this. For instance,
                      S   V   O
                      Every 명사는 단수 취급

Americans talk a lot at meals, but it is considered inappropriate to do so
S₁   V₁ 부사   가S₂ V₂수동태   S·C₂   진S₂

in Korea. And it is impolite to visit a person without prior notice even if he
          가S₁ V₁ C₁   진S₁   부사절 S₂
                                                       접속사

is a friend while almost every Korean doesn't think it too serious.
V₂ C₂ 부사절   S₃   V₃   O₃ O·C₃
        접속사

해석
예절은 다른 사람들과 사는 것을 좀 더 편안하고, 유쾌한 경험으로 만들어 준다. 이것이 없으면, 사람들은 야생동물들처럼 행동할 것이다. 모든 사람은 이기적으로 태어난다. 어린 시절에, 우리는 오직 우리 자신의 안락함(즐거움)만을 신경 쓴다. 성장해 감에 따라, 우리는 이것을 배움으로써, 타인의 사생활을 침해하지 않기 위한 행동 법을 알게 된다. 이것은 적절한 행동을 위한 규칙들의 한 집합이라 불린다. 모든 국가는 그 나라만의 이러한 규칙을 가지고 있다. 예를 들어, 미국인들은 식사 때에 말을 많이 하지만, 한국에서 그것은 행동하기에 부적절하다고 여겨진다. 그리고 아무리 친구라 할지라도 사전 연락 없이 다른 사람을 방문하는 것은 무례한 일이지만, 거의 모든 한국인들은 그것을 그다지 심각하게 생각하지 않는다.

정답
(5) considered inappropriate → is considered inappropriate

비상구 100지문

003 문맥이나 어법상 어색한 것을 찾아라

In Brazil, life moves slowly, and personal relationships are more important than financial success. Social life revolves around friends, relatives, and special occasions, like weddings or communions. People greet each other with a peck on each cheek or a hearty embrace, and (1) ❶ being too much on one's own is seen (2) as abnormal. Business men and women in the cities go home to nearby apartments for lunch. Shops close (3) from noon to 2 : 00 p.m. so the family can be together. No one feels ❷ a need to always be on time, and people get there when they get there. The important thing ❸ is (4) to enjoy life. All these behaviors (5) is sometimes seen as lazy in the view of Americans.

점검하기

❶ A be seen as B : A를 B로 보다 / 여기다 / 간주하다 (자주 나오는 숙어 구조) (see A as B의 수동태)
비슷한 의미의 숙어 구조
A be viewed as B / A be thought of as B / A be looked upon as B / A be considered as B / A be regarded as B / A be taken as B / A be taken for B

❷ the ability to V.R : ~할 능력

(1) It is nice to have what you want when you want it, but the ability to delay satisfaction is important.
원하는 것을 원할 때 갖는 것은 좋은 일이지만, 만족을 지연하는 능력은 중요하다.

(2) It rewards insects with a stable environment that enhances their ability to eat, mate, and prepare for flight.
이것은 곤충들에게 먹고, 짝짓기하고, 비행할 준비를 할 수 있는 능력을 향상시켜주는 안정된 환경을 보상해준다.

(3) The ability to sympathize with others reflects the multiple nature of the human being, his potentialities for many more selves and kinds of experience than any one being could express.
타인과 공감할 수 있는 능력은 인간의 복합적 본성, 즉 어느 한 인간이 표현할 수 있는 것보다 더 많은 여러 인간상과 각종 경험에 대한 잠재력을 반영한다.

❸ be to V.R : ~하는 것이다 (be to V.R의 해석법 중 하나)

(1) A common mistake in talking to celebrities is to assume that they don't know much about anything else except their occupations.
명사들에게 이야기할 때 흔히 저지르는 실수는 그들이 자신들의 직업을 제외한 다른 어떤 것에 대해서는 많이 알고 있지 않다고 가정하는 것이다.

(2) In other words, one of the challenges is to avoid a one-size-fits-all strategy that places too much emphasis on the "global" aspect alone.
다시 말하자면, 난제들 중의 하나는 단지 "세계적인" 측면만 너무 강조하는 하나의 크기로 모든 것에 맞추는 전략을 피하는 것이다.

칼분석 100지문

In Brazil, life moves slowly, and personal relationships are more important than financial success. Social life revolves around friends, relatives, and special occasions, like weddings or communions. People greet each other with a peck on each cheek or a hearty embrace, and being too much on one's own is seen as abnormal. Business men and women in the cities go home to nearby apartments for lunch. Shops close from noon to 2 : 00 p.m. so the family can be together. No one feels a need to always be on time, and people get there when they get there. The important thing is to enjoy life. All these behaviors are sometimes seen as lazy in the view of Americans.

해석

브라질에서, 삶은 천천히 움직이고, 대인 관계가 금전적 성공보다 중요하다. 사회적 삶은 친구, 친척, 그리고 결혼이나 친교와 같은 특별한 일 등의 주변을 맴돌고 있는 것이다. 사람들은 서로 양쪽 볼에 입맞춤을 하거나, 애정 어린 포옹으로 인사를 하고, 지나치게 자기 방식대로만 하는 것은 비정상적으로 여겨진다. 도시의 직장인들은 점심을 먹기 위해 근처 아파트인 집으로 돌아간다. 상점들은 정오부터 오후 2시까지 문을 닫아 가족끼리 함께할 수 있다. 항상 제 시간에 맞춰야 한다고 느끼는 사람은 아무도 없으며, 그들이 당도하는 때가 바로 사람들이 당도하는 때인 것이다.(약속시간에 정확히 도착하지 않아도 모두가 다 모였을 때 비로소 약속시간이 된다.) 중요한 것은 인생을 즐기는 것이다. 이러한 모든 행위들은 때때로 미국인의 관점에서는 게으르다고 보여지기도 한다.

정답

(5) is sometimes seen as lazy → are sometimes seen as lazy

004 문맥이나 어법상 어색한 것을 찾아라

Police officers in all societies always (1) <u>stand</u> very close to suspects ❶ when they are (2) <u>asking them important questions</u>. Often managers also stand close when (3) <u>he is trying</u> to get information from their staff. And teachers sometimes do this with students, too, when (4) <u>they doubt</u> they are telling the truth. We all feel uncomfortable when someone stands or sits too close to us. We ❷ think of the space near our bodies (5) <u>as our territory</u>.

점검하기

❶ 접속사 when : ~할 때

(1) It is nice to have what you want when you want it, but the ability to delay satisfaction is important.
원하는 것을 원할 때 갖는 것은 좋은 일이지만, 만족을 지연하는 능력은 중요하다.

(2) In a classic set of studies over a ten-year period, biologist Gerald Wilkinson found that, when vampire bats return to their communal nests from a successful night's foraging, they frequently vomit blood and share it with other nest-mates, including even non-relatives.
10년에 걸친 전형적인 한 세트의 연구에서 생물학자인 Gerald Wilkinson은 하룻밤에 성공적으로 먹이를 찾아다닌 흡혈박쥐들이 함께 사는 둥지로 돌아올 때 그들은 빈번히 피를 토해내서 심지어는 친족이 아닌 박쥐까지 포함해서 둥지에서 함께 사는 다른 박쥐들과 그것을 함께 나눈다는 것을 알아냈다.

❷ think of A as B : A를 B로 여기다
≒ [see/look upon/view/regard] A as B

(1) You see the world as one big contest, where everyone is competing against everybody else.
당신은 세상을 모든 사람이 다른 모든 사람과 경쟁하는 하나의 큰 경기로 여긴다.

(2) Sheets of paper exist almost entirely for the purpose of carrying information, so we tend to think of them as neutral objects.
낱장의 종이들은 거의 전적으로 정보를 전달하는 목적으로 존재하기 때문에, 우리는 그 종이들을 중립적인 대상으로 생각하는 경향이 있다.

칼분석 100지문

Police officers in all societies always stand very close to suspects
　　S₁　　　　　　　　　　　　　V₁　부사　C₁

when　they are asking them important questions. Often managers also
부사절 접속사　S₂　V₂　IO₂　　DO₂　　　빈도부사　　S₁　부사
"S₂ + V₂ 할 때 S₁ + V₁ 하다"　　　　　　　　　　　(종종)

stand close when they are trying to get information from their staff. And
V₁　C₁　부사절　S₂　V₂
　　　　　　　　　　　┌ try to V.R : ~하기 위해 애쓰다
　　　　　　　　　　　└ try ~ing : 시험삼아 해보다

　　　　　　　　　　　　　　　　　　　　　　　　　(that)
teachers sometimes do this with students, too, when they doubt [they are
　S　　빈도부사　V　O　　　　　　　　　　부사절　S₂　V₂　　S₃
　　　　(때때로)　　　　　　　　　　　　　　　　　명사절 접속사 that 생략
　　　　　　　　　　　　　　　　　　　　　　　　doubt : 아니라고 의심하다

telling the truth.] We all feel uncomfortable when someone stands or sits
　V₃　　O₃　　S₁ 동격 V₁　　C₁　　부사절　S₂　V₂₋₁　V₂₋₂
　　　　　　　　we = all
　　　　　　　　cf) all of us = we all

too close to us. We think of the space near our bodies as our territory.
　　　　　　　　S　V　　　　A　　　　　　　　　　　B
　　　　　　　　think of A as B = A를 B라고 생각하다
　　　　　　　　cf) A be thought of as B

해석

모든 사회에서 경찰들은 그들이 용의자들에게 중요한 심문을 할 때에는 항상 용의자와 가까이에 선다. 종종 지배인들도 그들이 종업원들로부터 정보를 얻으려고 할 때, 가까이 선다. 그리고 선생님들은 또한 학생들이 사실을 말한다고 생각하지 않을 때 학생들에게 이런 식으로 행동한다. 우리는 모두 누군가가 우리로부터 지나치게 가까이 서있거나 앉아있을 때 불편함을 느낀다. 우리는 우리 몸 근처에 있는 공간을 우리(자신)의 영역이라 생각한다.

정답

(3) he is trying → they are trying

비상구 100지문

005 — 문맥이나 어법상 어색한 것을 찾아라

Money ❶ can cause teenagers (1) to feel stress. ❷ It makes them feel bad about themselves and (2) envies other people. My friend, for instance, lives with her family and has to share a room with her sister. This girl wishes she could have her room and have a lot of stuff, but she can't have these things because her family doesn't have much money. Her family's income is pretty low because her father is old and (3) doesn't go to work. Her sister is the only one ❸ who (4) works. Because her family can't buy her (5) the things she wants, she feels a lot of stress and gets angry sometimes.

점검하기

❶ cause A to V.R : A가 ~하도록 야기시키다 (5형식)

(1) Many creatures use phosphorescence at night, and as you move through the water, you will cause plankton to release tiny pulses of light, leaving beautiful glowing wakes trailing behind you.
많은 생물들은 야광을 사용한다. 그리고 물을 통해 이동할 때, 당신은 플랑크톤이 조그만 빛의 진동을 방출하도록 야기할 것이며, 당신의 뒤에 아름다운 빛의 흔적들을 남기게 될 것이다.

(2) The hope is that the introduction of the new, bigger ball will cause first-class games to be dominated again by play involving (c)skill and artistry remindful of players like Bjorn Borg, Jimmy Connors and John McEnroe.
그 희망이란 보다 커진 새로운 테니스 공을 도입하여 Bjorn Borg, Jimmy Connors, John McEnroe와 같은 선수들을 연상케 하는 기술과 예술성을 수반하는 경기에 의해 최고의 게임들이 다시 지배 될 것이라는 것이다.

❷ make 명사(목적어) 동사원형(목적보어): 명사가 ~하게 만들다 (사역동사)

(1) It can make us feel happy or sad, helpless or energetic, and some music is capable of overtaking the mind until it forgets all else.
그것은 우리를 기쁘게 혹은 슬프게, 무기력하게 혹은 기운 넘치게 느끼도록 만들 수 있으며 어떤 음악은 정신이 그 밖의 모든 것을 잊을 때까지 정신을 압도할 수 있다.

(2) To start with, you need well drained, not necessarily over fertile soil in order to make the vine's roots dig deep into the soil.
포도나무의 뿌리가 땅 속으로 깊이 파고 들어가게 만들기 위해 우선 반드시 비옥한 땅 위는 아니더라도 배수시설이 잘 된 땅이 필요하다.

❸ 명사 + who (which, that) + V : ~할, ~하는, ~했던 명사

(1) One doll, found near Prati in Rome, was made of ivory and lay beside her owner who had died at the age of eighteen.
로마의 Prati 근처에서 발견된 한 인형은 상아로 만들어졌고 18세의 나이에 죽었던 그것의 주인 옆에 놓여 있었다.

(2) While detailed knowledge of a single area once guaranteed success, today the top rewards go to those who can operate with equal confidence in different realms.
한 분야의 세세한 지식이 한 때 성공을 보장해 준 반면, 오늘 날 최고의 포상은 다양한 영역에서 동일한 자신감을 가지고 일하는 사람에게 돌아간다.

칼분석 100지문

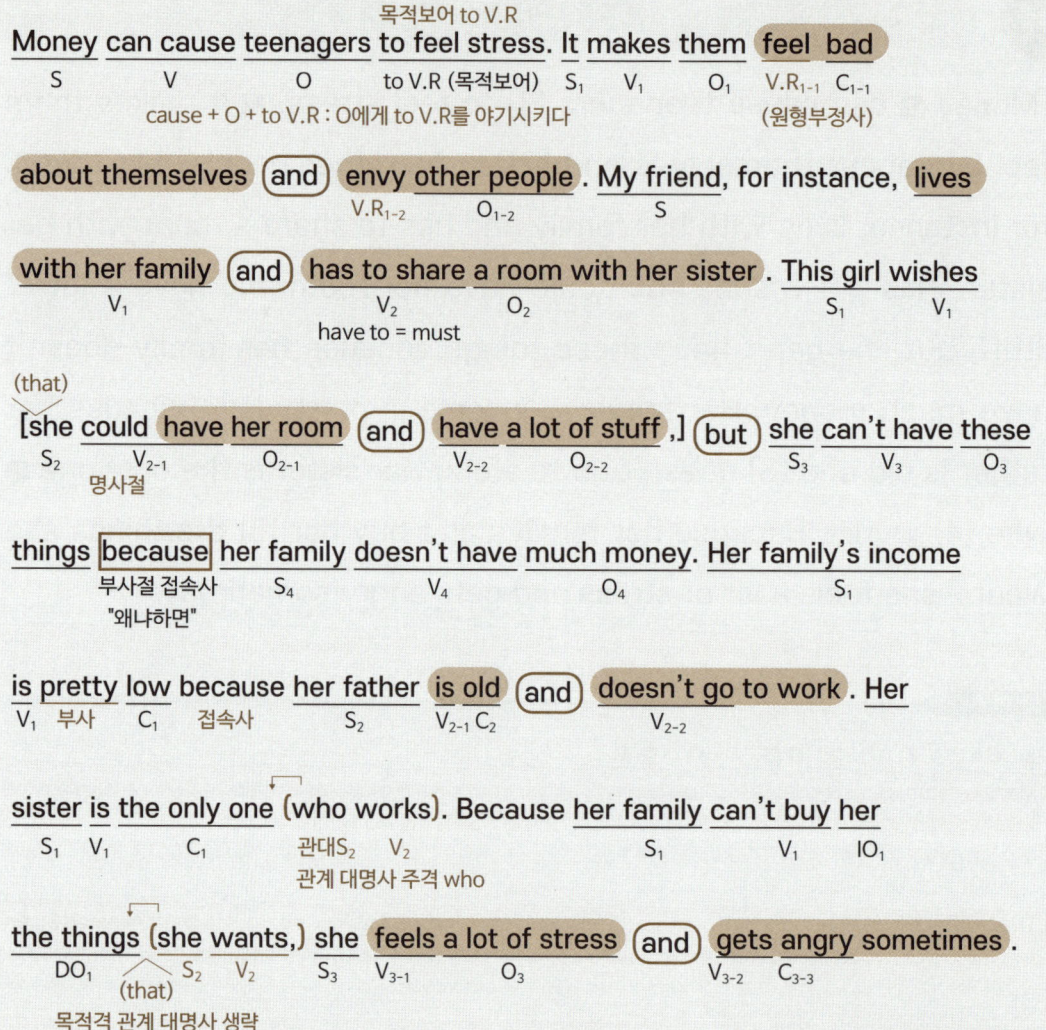

해석

돈은 십대들이 스트레스를 느끼게 할 수도 있다. 그것(돈)은 그들로 하여금 스스로에 대해 나쁘다고(초라하게) 느끼게 하고, 다른 사람을 부러워하도록 한다. 예를 들어, 내 친구는 가족과 함께 살고 한 방을 언니와 함께 써야 한다. 이 친구는 그녀가 자신의 방과 많은 물건을 가질 수 있도록 바라지만, 그녀의 가족은 많은 돈을 가지고 있지 않기 때문에 그녀는 이러한 것들을 가질 수 없다. 그녀 가족의 수입은, 아버지께서 나이가 많으시고 일을 하지 않으시기 때문에 상당히 낮다. 그녀의 언니가 일을 하는 유일한 사람이다. 가족들이 그녀가 갖고 싶어 하는 것을 (그녀에게) 사줄 수 없기 때문에, 그 친구는 많은 스트레스를 느끼고 때때로 화를 내기도 한다.

정답

(2) envies other people → envy other people

006 문맥이나 어법상 어색한 것을 찾아라

One of the main effects of globalization has been to (1) **❶ make bigger the gap between the winners and the losers in economic development**. Globalization ❷ has, for example, benefited the economies of the countries around the Pacific (The Republic of Korea, Hong Kong, Taiwan, Singapore, and Thailand). These countries (2) were combined political stabilities, progressive policies on education, low wages and other elements ❸ to attract investors and (3) promote exports. Other nations (4) have clearly been losers in the new global trade and (5) development game.

점검하기

❶ make + 명사 + 형용사 = make + 형용사 + 명사 (도치구문) : 명사 목적어가 수식어에 의해 길어질 때만 사용

(1) It made bigger the gap between the winners and losers.
그것은 승자들과 패자들 사이의 격차를 더 크게 만들었다.

❷ have p.p : (현재완료) ~했다(과거 행위의 결과가 현재에도 영향을 미침), ~한 적이 있다

(1) Yet, there have been moments when its great strength was also its weakness.
하지만 그 큰 힘이 또한 약점인 순간들이 있었지요.

(2) In practical situations where there is no room for error, we have learned to avoid vagueness incommunication.
실수에 대한 여유가 전혀 없는 실제적인 상황에서는 의사소통에 있어서 애매함을 피하라고 우리는 배웠다.

(3) We have abandoned our relationship with the food we eat and with the people who produce our food.
우리는 우리가 먹는 음식과 우리의 음식을 생산하는 사람들과의 관계를 포기했다.

❸ (in oder) to V.R : ~하기 위하여

(1) If the habit involves your hands, as when pulling out hair, then try to occupy them in some other way.
만약 그 습관이 머리채를 잡아당길 때처럼 당신의 손을 필요로 한다면, 그 손을 어떤 다른 방식으로 사용하려고 애써보세요.

(2) Plan your budget in advance to give yourself time to research the costs fully.
비용을 충분히 연구할 시간을 자신에게 주기 위해 미리 예산을 짜라.

칼분석 100지문

One (of the main effects of globalization) has been to make bigger the gap between the winners and the losers in economic development.

Globalization has, for example, benefited the economies of the countries around the Pacific (The Republic of Korea, Hong Kong, Taiwan, Singapore, and Thailand). These countries combined political stabilities, progressive policies on education, low wages and other elements to attract investors and promote exports. Other nations have clearly been losers in the new global trade and development game.

해석

세계화의 주된 효과중 하나는 경제발전에 있어서 승자와패자 사이의 격차(빈부의 격차)를 더 크게 만들어 왔다. 예를 들어, 세계화는 태평양 주변 국가들(한국, 홍콩, 대만, 싱가포르, 태국)의 경제에 이익을 가져다주었다. 이 국가들은 투자자들을 끌어들이고 수출을 진척시키기 위해 정치적 안정, 교육에서의 진보적인 정책, 저임금, 그리고 여러 다른 요소들을 결합시켰다. 타 국가들은 새로운 국제무역과 발전 경쟁에 있어서 확실히 패자가 되고 말았다.

정답

(2) were combined → combined

비상구 100지문

007 문맥이나 어법상 어색한 것을 찾아라

　The most obvious reason for performing a play ❶ is to provide entertainment. People enjoy stories and like to see the stories (1) acted out. If the play uses interesting costumes and sets, it also gives pleasure to the eyes. But it is also a means of communication. The dramatist presents his ideas and his view of the world. ❷ Someone (2) watching a play receives new ideas and thoughts that might change his understanding of life. In addition, people continue to love the theater because it is live. It has a special quality that makes it more exciting than films. Plays (3) writing for the stage are rarely as successful when (4) shown on television because they lack the live quality. One reason is that on television the director chooses where you should look by directing the camera. It can be disappointing when you see only the face of the person (5) speaking, while you really want to see the reactions of the other characters.

점검하기

❶ be to V.R : ~하는 것이다

(1) A common mistake in talking to celebrities is to assume that they don't know much about anything else except their occupations.
　명사들에게 이야기할 때 흔히 저지르는 실수는 그들이 자신들의 직업을 제외한 다른 어떤 것에 대해서는 많이 알고 있지 않다고 가정하는 것이다.

(2) In other words, one of the challenges is to avoid a one-size-fits-all strategy that places too much emphasis on the "global" aspect alone.
　다시 말하자면, 난제들 중의 하나는 단지 "세계적인" 측면만 너무 강조하는 하나의 크기로 모든 것에 맞추는 전략을 피하는 것이다.

❷ 명사 + (which is) Ving : ~하는 명사 (후치수식)

(1) One day when our family drove into town, I focused intently on the big, paper, grocery store signs advertising the same type of produce that we grew.
　어느 날 우리 가족이 차를 몰고 시내로 들어갈 때 우리가 재배하던 것과 똑같은 종류의 농산물을 광고하던 종이로 만든 커다란 상점 간판에 온통 관심이 쏠렸다.

(2) In Western Europe, steep gasoline taxes, investment policies favoring built-up areas over undeveloped greenfields, continuous investment in public transportation, and other policies have produced relatively compact cities.
　서유럽에서는 엄청난 유류세, 미개발 초지보다 건물이 들어찬 지역을 선호하는 투자 정책, 대중교통에 대한 계속적인 투자와 다른 정책들이 상대적으로 조밀한 도시를 만들게 되었다.

(3) In the near future, I believe that most people will wear user-friendly computer equipment making their daily lives even more convenient.
　가까운 미래에 대부분의 사람들이 일상생활을 훨씬 더 편리하게 해 줄 수 있는 사용하기 쉬운 컴퓨터 장비를 착용하고 다닐 것이다.

칼분석 100지문

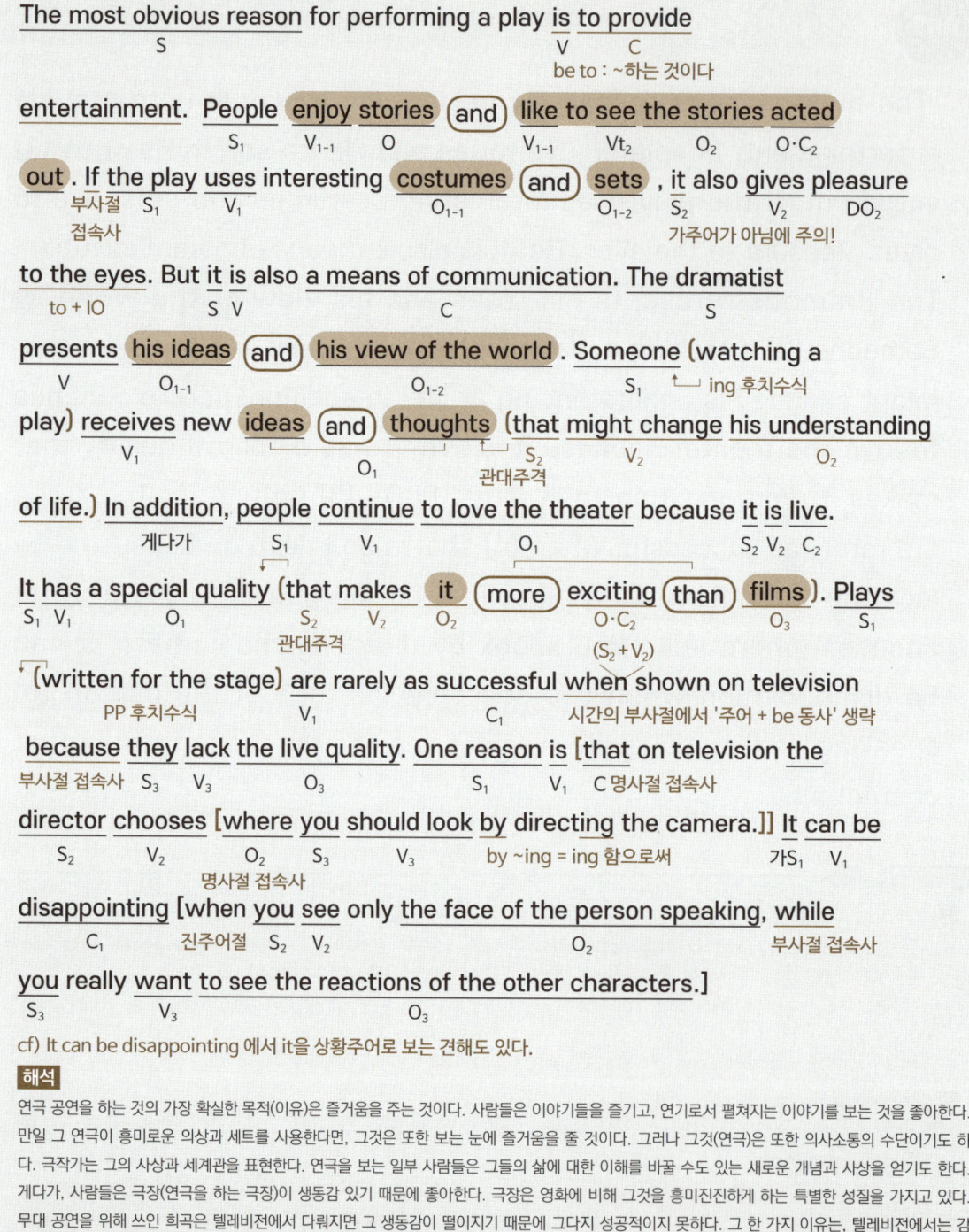

cf) It can be disappointing 에서 it을 상황주어로 보는 견해도 있다.

해석
연극 공연을 하는 것의 가장 확실한 목적(이유)은 즐거움을 주는 것이다. 사람들은 이야기들을 즐기고, 연기로서 펼쳐지는 이야기를 보는 것을 좋아한다. 만일 그 연극이 흥미로운 의상과 세트를 사용한다면, 그것은 또한 보는 눈에 즐거움을 줄 것이다. 그러나 그것(연극)은 또한 의사소통의 수단이기도 하다. 극작가는 그의 사상과 세계관을 표현한다. 연극을 보는 일부 사람들은 그들의 삶에 대한 이해를 바꿀 수도 있는 새로운 개념과 사상을 얻기도 한다. 게다가, 사람들은 극장(연극을 하는 극장)이 생동감 있기 때문에 좋아한다. 극장은 영화에 비해 그것을 흥미진진하게 하는 특별한 성질을 가지고 있다. 무대 공연을 위해 쓰인 희곡은 텔레비전에서 다뤄지면 그 생동감이 떨어지기 때문에 그다지 성공적이지 못하다. 그 한 가지 이유는, 텔레비전에서는 감독이 카메라를 지휘함으로써 당신이 어느 곳을 봐야하는 지를 정하게 된다. 당신이 다른 등장인물들의 반응(행동)을 보기 원하는 반면, 오직 말하고 있는 사람의 얼굴밖에 보지 못할 때 실망스러운 일이 될 수도 있는 것이다.

정답
(3) writing for the stage → written for the stage

008 (A), (B), (C)의 각 네모 안에서 어법에 맞는 표현을 골라 짝 지은 것은?

UCC(User Created Content) came into the mainstream in 2005 in web publishing and new media contents production circles. This ❶ refers to various kinds of media ❷ contents that (A) [produce or influence / are produced or influenced by] users, as opposed to traditional media producers, licensed broadcasters and production companies. This reflects the expansion of media production through new ❷ technologies that are (B) [accessible to / accessible] the general public. These include digital video, blogging, and mobile phone photography. In addition to these technologies this may also (C) [oppose / employ] a combination of open source, free software, and flexible licensing.

	(A)	(B)	(C)
(1)	produce or influence	accessible to	oppose
(2)	produce or influence	accessible	employ
(3)	are produced or influenced by	accessible to	employ
(4)	are produced or influenced by	accessible	oppose
(5)	produce or influence	accessible to	employ

점검하기

❶ refer to A : A에 관해 언급하다 (= A be referred to)
(1) He referred lightly to his wound.
그는 상처에 관해 가볍게 언급했다.

❷ 명사 + that + V : ~할, 하는, 했던 명사 (수식절)
(1) Robots are also not equipped with capabilities like humans to solve problems as they arise, and they often collect data that are unhelpful or irrelevant.
로봇은 또한 문제가 발생할 때에 그것을 해결할 수 있는 능력이 인간처럼 갖추어져 있지 않으며, 종종 도움이 되지 못하거나 부적절한 자료들을 수집하기도 한다.
(2) Most of you experience urges when trying to break a habit and these can be hard to resist unless you find something else to do instead, and best of all, something that uses the same part of the body — even the same muscles.
대부분의 사람들은 습관을 고치려고 시도할 때 충동을 경험하며, 대신에 할 다른 어떤 것, 가장 좋은 것은 몸의 동일한 부분과 심지어 동일한 근육을 사용하는 어떤 것인데, 이것을 발견하지 않으면 이 충동들은 견디기 힘들 수 있다.

칼분석 100지문

UCC(User Created Content) came into the mainstream in 2005 in web publishing and new media contents production circles. This refers to various kinds of media contents (that are produced or influenced by users), as (being) opposed to traditional media producers, licensed broadcasters and production companies. This reflects the expansion of media production through new technologies (that are accessible to the general public). These include digital video, blogging, and mobile phone photography. In addition to these technologies this may also employ a combination of open source, free software, and flexible licensing.

해석
UCC는 2005년에 웹 출판과 새로운 매체 콘텐츠 제작 계통의 주된 흐름이 되었다. 이것은 전통적인 매체 제작자, 즉 인가 받은 방송국과 제작회사와는 달리, 사용자들에 의해 제작되거나 영향을 받는 다양한 종류의 매체 콘텐츠를 일컫는다. 이것은 일반 대중이 접근할 수 있는 새로운 기술을 통한 매체 제작의 확대를 반영한다. 이것들은 디지털 비디오, 블로그 제작과 휴대전화 사진 촬영을 포함하고 있다. 이러한 기술 외에도, 이것은 또한 널리 개방된 자료, 무료 소프트웨어와 유연한 인가제를 함께 사용할 수도 있다.

정답
③ 번
(A) are produced or influenced by
(B) accessible to
(C) employ

009 다음 글의 흐름으로 보아 밑줄 친 부분이 어법상 어색한 것은?

❶ There is a strong social aspect to ❷ the way people respond to humor. First, people laugh (1) <u>in a company</u>. Research has shown that people (2) <u>rarely laugh</u> when they are alone. If you watch your favorite comedy in the presence of people who remain (3) <u>straight-faced</u>, it can stop you (4) <u>from finding it so funny</u>. Because it's important to sense other people responding to humor, 'canned laughter,' (5) <u>laughter that has been recorded</u>, is used for television or radio comedy.

점검하기

❶ there be +S : 가 있다, 존재한다

(1) There is often no more effective way to help people understand the message than to have it modeled for them by the manager.
관리자에 의해 그것의 견본이 만들어지게 하는 것 이상으로, 사람들이 그 메시지를 이해하도록 돕는 더 효과적인 방법이란 종종 존재하지 않는다.

(2) If they don't, you will have to use your emergency fund to cover basic expenses such as food, transport, and accommodation, and there will be less money available for an unexpected situation that necessitates a sudden change of plan.
만약 그렇지 않다면, 음식이나 교통, 그리고 숙박과 같은 기본적인 비용을 충당하기 위해 비상금을 사용해야만 할 것이고, 갑작스런 계획의 변경을 필요로 하는 예상치 못한 상황에 쓸 수 있는 돈은 더 적어질 것이다.

(3) There is also the possibility of damaging your stuff, some of it valuable.
귀중품이 들어있을 수도 있는 당신의 물건에 손상이 생길 가능성도 있습니다.

❷ 관계부사 how가 생략 된 관계부사절

(1) The specific combinations of foods in a cuisine and the ways they are prepared constitute a deep reservoir of accumulated wisdom about diet and health and place.
요리법에서 음식을 특수하게 조합하는 것들과 음식이 준비되는 방법들은 식단과 건강과 장소에 축적된 지혜의 심오한 저장소를 구성한다.

(2) The way I see it, we have only two realistic choices.
내가 그것을 바라보는 방식에서 보아, 우리는 두 가지 현실적인 선택만을 가지고 있다.

There is a strong social aspect to the way people respond to humor.
　V₁　　　　S₁　　　　　　　　=how　　S₂　　　　V₂
　there + be + S : S가 있다, 존재한다.

First, people laugh in company. Research has shown [that people
　　　　S　　　V　　　　　　　　S₁　　　V₁　　　O₁　　S₂
　　　　　　　　　　　　　　　　　　　　　　　　명사절

rarely laugh when they are alone.] If you watch your favorite comedy in the
　부사　V₂　 부사절　S₃　V₃　C₃　　 S₁　V₁　　　　O₁

presence of people (who remain straight-faced), it can stop you from
　　　　　S₂　　　　V₂　　　　C₂　　　 S₃　V₃　　O₃
　　　　　　　관계대명사 주격

finding it so funny. Because it's important to sense other people responding
Vt₄　O₄　O·C₄　부사절접속사　가S₁ V₁　C₁　진S₁ Vt₂　　O₂　　　O·C₂
stop O from ~ing : O가 ing 하는 것을 막다.

to humor, 'canned laughter,' laughter (that has been recorded,) is used for
　　　　　S₃　 　동격,　　　　S₄　　　　V₄　　　　　　 V₃
　　　　　　　　부연설명　　관대주격

television (or) radio comedy.

해석
사람들이 유머에 반응하는 방식에는 사회적인 측면이 강하다. 첫째, 사람들은 다른 사람들과 함께 있을 때 웃는다. 연구에 의하면 사람들은 혼자 있을 때는 거의 웃지 않는다는 사실이 밝혀졌다. 무표정한 얼굴을 하고 있는 사람들 앞에서 당신이 좋아하는 코미디를 보고 있다면 그것이 그렇게 재미있다고 여겨지지 않을 수도 있다. 다른 사람들이 유머에 반응하고 있다는 것을 감지하는 것이 중요하기 때문에 녹음된 웃음 소리가 텔레비전과 라디오 코미디에 사용된다.

정답
(1) in a company → in company

·cf) company : ① (셀 수 있는 명사) 회사, 단체, 조합
　　　　　　　② (셀 수 없는 명사) 친구, 동아리, 동석한 사람들

비상구 100지문

010 (A), (B), (C)의 각 네모 안에서 어법에 맞는 표현을 골라 짝 지은 것은?

❶ **Almost all** mechanical devices on Earth, from clocks to hydroelectric dams, rely on gravity for their operation. So (A) [is / does] life. Gravity governs our height and shape and keeps us from falling off the surface of the Earth. "We are children of gravity," says a medical scientist. "As we (B) [are age / age], we reach a point when we begin to yield to it. Sagging skin and organs, arthritis, failing hearts - these all come from the lost battle against gravity. Every bone and muscle is aligned to maximize mobility under gravity. Look at the shape of creatures that have evolved where gravity is not very significant as in the water." And for insects and very small animals gravity (C) [hardly / really] exists. "You can drop a mouse down a thousand-yard mine shaft, and ❷ **on** arriving at the bottom, it walks away."

	(A)	(B)	(C)		(A)	(B)	(C)
(1)	is	age	really	(2)	is	are age	really
(3)	does	age	really	(4)	does	age	hardly
(5)	does	are age	hardly				

점검하기

❶ Almost all + 명사 : 거의 대부분의 '명사'들

(1) Almost all the people in the city voted for his opponent.
  그 도시의 거의 대부분의 사람들이 그의 상대방에게 투표했다.

cf) almost + 수량 (all, every, half, double …)

❷ upon(on) ~ing: ~하자마자

(1) The first thing I notice upon entering this garden is that the ankle-high grass is greener than that on the other side of the fence.
  내가 이 정원을 들어가면서 제일 먼저 발견한 것은 발목정도 길이의 잔디가 다른 울타리에 있는 잔디보다 더 푸르다는 것이다.

(2) Upon entering a record store, one encounters a wide variety of genres from easy listening to jazz and classical music.
  음반 가게에 들어가자마자, 사람들은 쉽게 들을 수 있는 음악에서 재즈와 고전음악까지 다양한 장르를 만나게 된다.

칼분석 100지문

Almost all mechanical devices on Earth, from clocks to hydroelectric dams, rely on gravity for their operation. So does life. Gravity governs our height and shape and keeps us from falling off the surface of the Earth. ["We are children of gravity,"] says a medical scientist. "As we age, we reach a point when we begin to yield to it. Sagging skin and organs, arthritis, failing hearts – these all come from the lost battle against gravity. Every bone and muscle is aligned to maximize mobility under gravity. Look at the shape of creatures (that have evolved where gravity is not very significant as in the water.") And for insects and very small animals gravity hardly exists. "You can drop a mouse down a thousand-yard mine shaft, and on arriving at the bottom, it walks away."

해석

시계에서 수력 발전소의 댐에 이르기까지 지구상에 있는 거의 모든 기계 장치들은 그것들의 작동이 중력에 달려 있다. 생명체도 마찬가지다. 중력은 우리의 크기와 형태를 지배하고, 우리가 지구의 표면에서 떨어져 나가는 것을 막아준다. "우리는 중력의 자식이다."라고 한 의학자는 말하고 있다. "나이가 들면서 우리는 중력에 굴복하기 시작하는 지점에 도달한다. 축 늘어진 피부와 장기, 관절염, 약해지는 심장, 이 모든 것들이 중력과의 싸움에서 패배해서 생기는 것이다. 모든 뼈와 근육도 중력하에서의 움직임을 최대화 시키도록 맞추어져 있다. 물 속처럼 중력이 그렇게 크지 않은 곳에서 진화해 온 생물들의 형태를 살펴보라."그리고 곤충과 매우 작은 동물에게는 중력이 거의 존재하지 않는다. "천 야드 높이의 광산 수갱(竪坑)에서 생쥐를 떨어뜨리면 바닥에 닿자마자 그것은 걸어간다."

정답

④ 번 – (A) does   (B) age   (C) hardly

011   (A), (B), (C)의 각 네모 안에서 어법에 맞는 표현을 골라 짝 지은 것은?

People are inherently good. Most people love helping others and offering assistance. For the most part, people love to be remembered or thought (A) [of as / as of] the person who gave someone else their big break or some other form of important, loving guidance. The other side of the coin, however, is that people love to be acknowledged, admired, and thanked. People love to be thanked, not (B) [out of / because] any selfish need but simply because it feels good to be acknowledged. When we are sincerely acknowledged, the acknowledgement acts as a reinforcement ❶ that we have done the right thing. Thus, we want to do it again. So life becomes infinitely easier when we remember (C) [expressing / to express] our gratitude for others' acts of kindness.

	(A)	(B)	(C)		(A)	(B)	(C)
(1)	as of	because	expressing	(2)	as of	because	to express
(3)	of as	out of	to express	(4)	of as	because	expressing
(5)	of as	out of	expressing				

점검하기

❶ 명사(the sense / faith / belief / news / thought / fact...) that S V : (동격의 명사절)~라는 명사, 앞 명사의 내용 설명

(1) We can resist the principle of separate realities and remain frustrated and angry over the fact that no one seems to conform to our way of thinking, or we can strive to understand what in Eastern philosophy is called 'he way of things.'
우리는 개별성의 원리에 저항하고 어느 누구도 우리의 사고방식에 따르지 않는 것처럼 보이는 사실에 계속 실망하고 분노할 수 있다. 혹은 우리는 동양 철학에서 "사물의 방식"이라고 불리는 것을 이해하려고 노력할 수 있다.

(2) Now and again she would glance up at the clock, but without anxiety, merely to please herself with the thought that each minute gone by made it nearer the time when he would come.
가끔씩 그녀는 시계를 힐끗힐끗 보곤 했지만, 불안한 마음은 없었고 단지 일분 일분이 지날 때마다 그가 돌아올 시간이 더 가까워진다는 생각으로 마음은 즐거웠다.

(3) The smell of gasoline going into a car's tank during a refueling stop, when combined with the fact that each day nearly a billion gallons of crude oil are refined and used in the United States, can allow our imagination to spread outward into the vast global network of energy trade and politics.
연료를 보급하기 위해 멈추는 동안에 자동차의 연료탱크 안으로 들어가는 휘발유의 냄새는, 미국에서 매일 거의 10억 갤런의 원유가 정제되고 사용된다는 사실과 결합이 될 때, 우리의 상상력은 에너지 무역과 정치의 거대한 국제적인 연결망으로 퍼져 나갈 수 있을 것이다.

(4) People may disturb or anger us, but the fact that not everyone objects to their behavior indicates that the problem is probably ours.
사람들은 우리를 방해하거나 화나게 할 수도 있지만 모든 사람이 그들의 행동에 반대하지는 않는다는 사실은 아마 문제가 우리에게 있을 수도 있다는 것을 가리킨다.

칼분석 100지문

People are inherently good. Most people love helping others and offering
 S   V   부사   good. S   V   O₁   O₂
assistance. For the most part, people love to be remembered or thought
                               S₁   V₁   O₁   수동병렬
of as the person who gave someone else their big break or
think of A as B의 수동태 S₂   V₂   IO₂   DO₂₋₁
         관대주격
some other form of important, loving guidance.) The other side of the coin,
DO₂₋₂   important 와 loving 사이의 콤마는   S₁
         'and'의 대용어로 사용 되었다. → important and loving guidance
however, is [that people love to be acknowledged, admired, and thanked.]
V₁   C₁   S₂   V₂   O₂   수동태 병렬
             명사절
People love to be thanked, not out of any selfish need but
S₁   V₁   O₁   not A but B   out of ~   A(전치사구)
                     : A가 아니라 B다 : ~로부터 나오는
                          ─────────── B (부사절) ───────────
simply because it feels good to be acknowledged. When we are sincerely
           가S₂ V₂ C₂   진S₂   접속사 S₁ V₁(수동태)
           cf) 사물(주어) feel + A(형용사): 사물이 A한 느낌이 나다.
not A but B 구조에서 전치사구(A)와 부사절(B)이 각각 '부사'로써 병렬 되고 있다.
acknowledged, the acknowledgement acts as a reinforcement [that we
              S₂   V₂   동격의 명사절 S₃
have done the right thing.] Thus, we want to do it again. So life becomes
V₃   O₃   따라서 S V   O   S₁   V₁
infinitely easier when we remember to express our
부사   C₁ 접속사 S₂ V₂   O₂
                    remember ┌ to : 할 것을 기억하다
                             └ ing : 했던 것을 기억하다
gratitude for others' acts of kindness.

해석

사람들은 선천적으로 선하다. 대부분의 사람들은 남을 돕고 원조를 제공하는 것을 좋아한다. 대부분의 경우, 사람들은 다른 사람들에게 그들의 큰 행운이나 어떤 다른 형태의 중요하고 애정 어린 안내를 해 주는 사람으로 기억되거나 간주되기를 좋아한다. 하지만, 다른 한편으로 사람들은 인정 받고 칭찬 받고 감사받기를 좋아한다. 사람들은 어떤 이기적인 필요에서가 아니라 단지 인정받는 것이 기분 좋기 때문에 감사받기를 좋아한다. 우리가 진심으로 인정받을 때, 그 인정은 우리가 올바른 일을 했다는 하나의 강화제 역할을 한다. 그리하여 우리는 그것을 다시 하기를 원하는 것이다. 그래서 우리가 다른 사람들의 친절한 행동에 대해 감사를 표현하는 것을 기억하면, 삶은 엄청나게 더 편해진다.

정답

③ 번 – (A) of as   (B) out of   (C) to express

012 문맥이나 어법상 어색한 것을 찾아라

The members of an elephant herd are loyal to one another. A sick or wounded elephant is not (1) <u>left behind to die</u>. If an elephant is sick, the whole herd (2) ❶ <u>stops traveling</u> until it gets well. When an elephant (3) ❷ <u>is injured</u>, two others walk on both sides of it and support it with their bodies. A member of the herd (4) <u>may be caught</u> in a trap. Then the others (5) <u>try freeing it</u>.

점검하기

❶ finish, enjoy는 행위의 목적어로 동명사(V.R ing)를 받는다.

(1) If someone has finished speaking and you do not play along by taking up your end of the dialog, that person will automatically start to elaborate.
누군가가 말하는 것을 끝냈고, 그 대화의 당신 편 끝을 차지함으로써 같이 장단을 맞추지 않는다면, 그 사람은 자동적으로 상세히 설명하기 시작할 것이다.

(2) My wife and I have enjoyed receiving your publication for years.
제 아내와 저는 귀사의 간행물을 수년간 즐겁게 받아보고 있습니다.

cf) 동명사와 부정사를 목적어로 받으면서 의미가 달라지는 동사

- remember to V.R : 앞으로 할 일을 기억하다 (미래표시어와 어울림)
  remember -ing : -했던 일을 기억하다 (과거표시어와 어울림)
- forget to V.R : 해야 할 일을 잊어버리다
  forget -ing : -했던 일을 잊어버리다
- stop to V.R : -하기 위해 하던 일을 멈추다 (부정사는 목적어 아님)
  stop -ing : 하던 일을 그만두다, 끝내다
- try(attempt) to V.R : -하려고 애쓰다
  try(attempt) -ing : 시험 삼아 한번 해보다
- help to V.R / 원형 : -하는 것을 돕다
  help -ing : - 하는 것을 피하다 (부정문, 가정법, 의문문에서)
- regret to V.R : - 하게 되어 유감이다 (부정사는 목적어 아님)
  regret -ing : -하는 걸 후회하다
- mean to V.R : - 하는 것을 의도하다, 의미하다
  mean -ing : -하는 것을 의미하다
- go on to V.R : 다른 행위로 이어가다 (on은 전치사가 아니라 부사)
  go on -ing : -같은 행위를 계속하다

❷ 3형식의 수동태 : be pp (~되다)

(1) The story starts in the world of Homer, where the stormy skies and the dark seas were ruled by the mythical gods.
이 이야기는 거친 하늘과 어두운 바다가 신화적인 신들에 의해 통치되는 Homer라는 곳에서 출발한다.

(2) In the United States, it is now practiced by a thousand or so people but is rapidly growing in popularity.
미국에서 그것은 이제 천 명 가량 되는 사람들에 의해 행해지지만 인기는 빠르게 늘어나고 있다.

The members of an elephant herd are loyal to one another. A sick or wounded elephant is not left behind to die. If an elephant is sick, the whole herd stops traveling until it gets well. When an elephant is injured, two others walk on both sides of it and support it with their bodies. A member of the herd may be caught in a trap. Then the others try to free it.

해석
코끼리 떼(집단)의 각 구성원들은 서로서로에게 충실하다. 아프거나 다친 코끼리는 뒤에 남겨져 죽어가지 않는다. 만일 한 코끼리가 아프다면, 모든 무리들은 그 코끼리가 회복할 때까지 이동하는 것을 멈춘다. 만일 한 코끼리가 부상을 당하면, 다른 두 마리의 코끼리가 다친 코끼리의 양 옆에 걸어가면서, 몸을 사용해 그를 지탱해준다. 무리 중 한 마리가 덫에 걸려들지도 모른다. 그러면 나머지 다른 코끼리들은 그를 구하려고 애를 쓴다.

정답
(5) try freeing it. → try to free it.

해설
의미상 ~하려고 애쓰다.

비상구 100지문

013 문맥이나 어법상 어색한 것을 찾아라

Of course, not everyone believes that success (1) is based on a person's wealth. Some people (2) are considered successful if they stay married for twenty years or (3) ❶ have all their children graduate from school. Other people believe that success means having their own home or (4) retires at the age of fifty-five. Whatever your idea of success, you are sure to have a chance to make it (5) ❷ as long as you are willing to try.

점검하기

❶ **have + O + V.R (ing) : (사역동사) 목적어가 ~하도록 만들다. / have + O + pp : 목적어가 ~되도록 만들다**

(1) Get the negative of an old photograph that shows a front view of your face and have it developed into a pair of pictures — one that shows you as you actually look and one that shows a reverse image so that the right and left sides of your face are interchanged.
   당신의 얼굴을 정면으로 보여주는 옛날 사진의 원판을 가지고 두 개의 사진—실제 모습을 그대로 보여주는 사진과 얼굴의 좌우가 서로 바뀐 반대된 이미지를 보여주는 사진—으로 현상하라.

(2) There is often no more effective way to help people understand the message than to have it modeled for them by the manager.
   종종 매니저가 사람들을 위해서 메시지를 실천 되도록 하는 것보다 사람들에게 그것을 더 효과적으로 이해시키는 방법은 없다.

❷ **as 형,부 as : ~만큼 ~한(하게)**

(1) Cultures as diverse as the Japanese, the Guatemalan Maya, and the Inuit of Northwestern Canada practice it.
   일본인들, 과테말라의 마야인들, 그리고 북서 캐나다의 이누잇족과 같은 다양한 문화권에서는 그것을 행한다.

(2) You are under the false impression that you do not have as many items to pack as you really do.
   당신은 이삿짐을 꾸릴 물건들이 실제로 존재하는 것만큼 많지 않다는 잘못된 생각을 갖고 있다.

(3) Suddenly, your mind may seem as blank as the paper.
   갑자기, 당신의 마음도 그 종이처럼 텅 빈 상태가 된 것처럼 보일 수 있다.

> 칼분석 100지문

Of course, not everyone believes [that success is based on a person's wealth.] Some people are considered successful if they stay married for twenty years or have all their children graduate from school. Other people believe [that success means having their own home or retiring at the age of fifty-five. [Whatever your idea of success,] you are sure to have a chance to make it as long as you are willing to try.

ex) be ready to V.R
be enough to V.R
be apt to V.R
be able to V.R
be willing to V.R
보통 앞에 있는 형용사나 부사와 연동 되어 사용한다.

해석
물론 모든 사람들이 성공은 개인의 재산을 토대로 한다고 믿는 것은 아니다. 일부 사람들은 20년 동안 결혼 생활을 유지한다거나 그들의 자식 모두를 (학교에 보내)졸업시키면 성공을 했다라고 여겨지기도 한다. 또 다른 사람들은 성공이 자신의 집을 마련하는 것이나 55세에 은퇴를 하는 것을 의미한다고 믿는다. 성공에 대한 당신의 생각이 어떻든, 당신이 자발적으로 노력하는 한 그것(목표)을 성공시키게 하는 기회를 반드시 얻을 것이다.

정답
(4) retires at the age → retiring at the age

해설
having their own homes와 병렬 구조

014 (A), (B), (C)의 각 네모 안에서 어법에 맞는 표현을 골라 짝 지은 것은?

A rain check is an informal agreement by a merchant to a customer to provide an item or a service at a later date which cannot currently be provided due to down pour or other harsh weather. Prior to 1889, US Baseball fans (A) [were issued / issued] a new ticket if rain was (B) ❶ [very / so] heavy that it caused a game to be postponed. Abner Powell, a major league baseball manager in the 19th century, added a detachable paper-piece ❷ called a rain check. This avoided issuing tickets to fans who may not have been legitimate ticket holders. It is also used in social interactions - "I'll have to get a raincheck on that" is a polite way to turn down an invitation to a party, a date, or a social get-together, usually with the strong implication that another time would be (C) [impossible / acceptable].

	(A)	(B)	(C)		(A)	(B)	(C)
(1)	issued	very	acceptable	(2)	issued	so	impossible
(3)	were issued	very	impossible	(4)	were issued	so	acceptable
(5)	issued	very	impossible				

점검하기

❶ so + 형용사, 부사 + that S2 + V2 : 매우 ~해서 ~할 정도이다.

(1) However, today we are so interdependent that the concept of war has become outdated.
   하지만, 오늘날 우리들은 서로 많은 것을 의존하고 있기에 전쟁의 개념은 시대에 뒤떨어진 것이 되었다.
(2) It was so large that a grown man could not put his arms around it.
   그 나무는 너무나 커서 성인 남자가 두 팔로 안을 수 없었다.

❷ 명사 + pp 후치수식 : ~된 명사

(1) An executed purpose, in short, is a transaction in which the time and energy spent on the execution are balanced against the resulting assets, and the ideal case is one in which the former approximates to zero and the latter to infinity.
   요컨대 수행된 목적은 수행하는데 소비된 시간과 에너지가 결과로 나타난 자산과 균형을 이루는 거래이고, 이상적인 것은 전자가 0에 가깝고, 후자는 무한대에 가까운 경우이다.
(2) As a consequence, compared to the intensity of the transmitted light, that of the observed light measured by the receiver is decereased.
   그 결과 전달된 빛의 강도와 비교할 때 수신 장치에 의해 측정 되어진 관찰된 빛의 강도는 감소된다.

칼분석 100지문

A rain check is an informal agreement by a merchant to a customer to to provide an item or a service at a later date (which cannot currently be provided due to down pour or other harsh weather.) Prior to 1889, US Baseball fans were issued a new ticket if rain was so heavy that it caused a game to be postponed. Abner Powell, a major league baseball manager in the 19th century, added a detachable paper-piece (called a rain check.) This avoided issuing tickets to fans (who may not have been legitimate ticket holders.) It is also used in social interactions - "I'll have to get a raincheck on that" is a polite way to turn down an invitation to a party, a date, or a social get-together, usually with the strong implication that another time would be acceptable.

해석
우천 교환권(후일의 약속 등)은 상인이 고객에게 비나 궂은 날씨로 현재 제공될 수 없는 상품이나 서비스를 나중에 제공한다는 비공식적인 약속이다. 1889년 이전에는 미국의 야구팬들은 만약 비가 많이 와서 게임이 연기되었을 때, 새로운 교환권을 발행받았다. 19세기 메이저 리그의 관리자였던 Abner Powell은 이것이라고 불리는 분리될 수 있는 종이 조각을 덧붙였다. 우천 교환권(후일의 약속 등)은 적당한 게임 입장권을 소유치 못한 팬들에게 입장권을 발행하는 번거로움을 덜어 주었다. 그것은 사교적인 면에서도 사용 되는데, "내가 그것에 대해 우천 교환권을 갖겠어요."라는 말은 대개 다른 시간에는 가능하다는 강력한 암시와 함께, 파티나 데이트, 또는 사교적 모임에 대한 초대를 거절하는 공손한 방법이다.

정답
④ 번 – (A) were issued   (B) so   (C) acceptable

해설   (A) 간접목적어가 수동태 절에서 주어가 됨   (B) 뒤에 that 절과 연동되기 위해 so   (C) 의미상 acceptable

015 (A), (B), (C)의 각 네모 안에서 어법에 맞는 표현을 골라 짝 지은 것은?

Silk comes from silkworms, which are not true worms but the caterpillars of the silk moth. The caterpillars will only eat mulberry leaves and when they ❶ **are ready to** *pupate, they protect (A) [them / themselves] by spinning the silk round and round themselves to form a cocoon. Typically, each worm produces a mile and a half of continuous thread. When *metamorphosis is complete and the moth is ready to leave (B) [their / its] cocoon, it secretes an alkali which eats its way through the thread. This spoils the thread for spinning as it is no longer continuous. So, (C) [getting / to get] a better quality silk, the moths ❷ **should be terminated** before they leave the cocoon. This is done by suffocation with steam or heating them in an oven.

*pupate 번데기가 되다   *metamorphosis 곤충의(변태)

	(A)	(B)	(C)		(A)	(B)	(C)
(1)	themselves	their	getting	(2)	themselves	its	to get
(3)	them	its	getting	(4)	them	their	to get
(5)	themselves	their	to get				

점검하기

❶ 반드시 기억해야 할 숙어적 to부정사

be reluctant to V.R | be unwilling to V.R : ~하는 것을 꺼리다 | be willing to V.R : 기꺼이 ~하다 | be sure to V.R : 반드시 ~하다 | be eager(anxious) to V.R : ~하고 싶다 | be free to V.R : ~해도 된다 | be ready to V.R : ~할 준비가 되다

(1) The mind *may be reluctant to think properly* when thinking is all it is supposed to do.
생각하는 것이 해야 할 일의 전부일 때 (인간의) 정신은 올바로 생각하는 것을 꺼릴 지도 모른다.

(2) Please feel *free to use* any additional methods you want to assist you in solving the problems.
(불완전 자동사인 be대신에 불완전자동사 feel 사용 가능)
문제를 해결할 때 당신에게 도움이 될 수 있는 당신이 원하는 어떠한 추가적인 방법이라도 자유롭게 사용하세요.

❷ 조동사 be pp 조동사가 들어간 수동태

should be pp : ~되어져야 한다 / can be pp : ~될 수 있다 / will be pp : ~될 것이다

(1) Nothing *can be checked out or renewed* without it.
이것이 없으면 아무것도 대출하거나 갱신될 수 없다.

(2) The graduation ceremony *will be held* next Friday in Hutt High School's Assembly Hall.
졸업식은 Hutt고등학교 에서 다음 주 금요일에 열릴 것입니다.

칼분석 100지문

Silk comes from silkworms, (which are not true worms but the caterpillars
 S₁   V₁   S₂   V₂   C₂₋₁   C₂₋₂
                         관대주격   not A but B = A가 아니라 B다.

of the silk moth.) The caterpillars will only eat mulberry leaves and when
                       S₁   V₁   O₁   절의 병렬 접속사

they are ready to *pupate, they protect themselves by
 S₂ V₂   C   be ready to S₃   V₃   O₃
                  : ~할 준비가 되다

spinning the silk (round and round themselves) to form a cocoon. Typically,
  Vt₄   O₄   to V.R 부사적 용법 = ~하기 위해서
by ~ing = ~함으로써

each worm produces a mile and a half of continuous thread. When
    S   V   O   접속사
빈출) each + 단수명사 + 단수동사

*metamorphosis is complete and the moth is ready to leave its
    S₁   V₁   C₁   절의 병렬 S₂   V₂ C₂ 숙어적 to 부정사
                                            be ready to : ~할 준비가 되다

                      관대주격
cocoon, it secretes an alkali (which eats its way through the thread.)
        S₃   V₃   O₃   S₄   V₄ O₄   실을 뚫고서

This spoils the thread for spinning as it is no longer continuous. So,
 S₁   V₁   O₁   접속사 S₂ V₂   C₂
                                 :"~때문에"

to get a better quality silk, the moths should be terminated
to V.R 목적적 용법   S₁   V₁(수동)
 = ~하기 위하여

before they leave the cocoon. This is done by suffocation with steam or
접속사 S₂   V₂   O₂   S   V(수동)

heating them in an oven.   *pupate 번데기가 되다   *metamorphosis 곤충의

(변태)

해석
비단은 누에에서 나오는데, 누에는 실제 벌레가 아니라 비단을 만드는 나방의 유충이다. 그 유충은 뽕나무 잎만을 먹으며, 번데기가 될 준비를 할 때 자신의 몸 둘레에 비단실로 집을 지어 고치를 만들어서 자신을 보호한다. 일반적으로, 한 마리의 누에는 1.5마일의 연속적인 실을 만들어 낸다. 변태가 완성되고 나방이 고치를 떠날 준비가 되면, 그것은 알칼리성의 액체를 분비하고 그 액체는 실을 부식시킨다. 이것은 잣기 위한 실을 망쳐 놓는데, 왜냐하면 더 이상 연속적인 실이 아니기 때문이다. 그래서, 좋은 품질의 비단을 얻기 위해 나방이 고치를 떠나기 전에 그 나방을 죽여야 한다. 이것은 증기로 질식시키거나 오븐에서 그들을 기절함으로써 수행된다.

정답
② 번 – (A) themselves   (B) its   (C) to get

해설 (A) 주어가 스스로를 목적어로 못 받음   (B) moth가 단수이므로 its   (C) ~하기 위하여

016 문맥이나 어법상 어색한 것을 찾아라

A man was yelling, " I've been robbed!" I (1) was surprised at such a quick turn of events. A crowd began to gather. I didn't even remember that I (2) had taken the picture. Then a man in the crowd looked at me. He said, "Didn't I see you (3) take the picture of the man with the brown?" "Yes, I guess you did," I said. By then two police officers (4) ❶ had arrived on the scene. One of them talked with me about what (5) happened. He said, "We need a copy of the picture you took. ❷ We would like to take you to the police department and develop your roll."

점검하기

❶ had + pp : 과거 완료 시제

현재완료의 용법과 동일하며 기준시점은 현재가 아니라 과거. 이 시제와 잘 어울리는 부사구는 until then (그때까지), 3 days before(그 3일 전) 혹은 long before(그 오래 전), the previous day(그 전 날) 등이며 물론 day 이외에 다른 시점 명사를 활용할 수 있다.

(1) He had lost his suitcase and had to borrow my pyjamas.
  그는 옷가방을 잃어버려서 내 잠옷을 빌려야 했다.
(2) Mr. Obama was in uniform when I met him. He had been a soldier for ten years, and planned to stay in the army till he was forty.
  오바마씨는 내가 그를 만났을 때 제복차림이었다. 그는 그때까지 십년간 군인이었고 40세 까지 군에 머물 계획이었다.

(과거완료는 단순히 시점차이가 나는 것을 전제로 하지 않고 '동작의 완료'를 강조하기 위해 사용되는 경우가 있는데 이 경우는 사용되는 접속사의 의미로 이해해야 한다. 이 경우 주로 사용되는 접속사는 before와 until 이다.)

(3) He refused to go until he had seen all the pictures.
  그는 그 모든 그림들을 다 볼 때까지 갈 것을 거절했다.

❷ would like to V.R : ~하고 싶다

(1) On behalf of the school, I would like to extend our invitation to you and your family.
  학교를 대표해 귀하와 귀하의 가족까지 초대하고자 합니다.
(2) By the end of high school they would have a much better idea of what they would like to study at university.
  고등학교 시절의 마지막 무렵까지 그들은 대학교 시절에 공부하고 싶어하는 것에 대한 훨씬 더 나은 생각들을 가져야 할 것이다.

칼분석 100지문

A man was yelling, "I've been robbed!" I was surprised at such a
S₁   V₁   S₂ V₂(현재완료수동)   S   V(수동)   어순) such a 형 명

quick turn of events. A crowd began to gather. I didn't even remember [that
                      S   V   O   S₁   V₁   O₁
                                                                 명사절

I had taken the picture.] Then a man in the crowd looked at me. He said,
S₂ V₂   O₂   S   V   S₁ V₁

"Didn't I see you take the picture of the man with the brown?" "Yes, I
       S V₂ O₂   O·C₂ (V.R)   S₁
       빈출) 지각동사 see의 목적어에는 to V.R 대신 V.R을 사용한다
       see + O + V.R

         (that) 명사절
guess [you did,]" I said. By then two police officers had arrived on the
V₁   S₂ V₂ S₃ V₃   S   V(과거완료)

scene. One of them talked with me about [what had happened.] He said, "We
       S₁   V₁   S₂   V₂   S₁ V₁ S₂
                                         명사절 = 전치사의 목적어절

need a copy of the picture (you took.) We would like to take you to the
V₂   O₂   (that) S₃ V₃ S₁   V₁   O₁(Vt₂₋₁) O₂₋₁
                           O₃

police department and develop your roll."
                       Vt₂₋₂   O₂₋₂

해석
한 남자가 소리치고 있었다. "저 강도당했어요!" 나는 갑작스런 사건 발생에 깜짝 놀랐다. 사람들이 몰리기 시작했다. 나는 내가 사진을 찍었었다는 것조차 기억하고 있지 않았다. 그리고서 군중들 중 한 남자가 나를 쳐다보았다. 그는 "당신이 갈색 옷을 입은 남자를 (사진기로)찍는 것을 제가 보지 않았던가요?"(당신 갈색 옷 입은 남자, 사진 찍었죠?) 라고 말했다. "예, 저는 당신이 그랬다고 생각합니다."(보신 게 맞는 것 같네요.) 라고 내가 대답했다. 잠시 후, 두 명의 경찰관이 그 장소에 도착했다. 그 중 한명이 무슨 일이 일어났는지에 대해 나와 이야기를 나눴다. 그는 "저희는 당신이 찍으신 사진 한 장을 얻었으면 합니다. 저희가 당신을 경찰서로 모시고 필름을 현상하고자 합니다."

정답
(5) happened → had happend

해설
talked 보다 더 먼저 일어난 사실

017 문맥이나 어법상 어색한 것을 찾아라

Capt. Ben McGuire is a firefighter of 12 years. He explains, "When we have our sirens on, our goal is (1) to get to the scene. Our concern is (2) getting to the scene to save lives and protect property. The same is true with the police and ambulance. All emergency vehicles (3) ❶ are equipped with sirens that can easily (4) be heard up to a distance of 300 meters. We ❷ demand that (5) the public cooperates. They should always yield to the sirens."

점검하기

❶ 동사 + A + 전치사 + B 구조의 주요 숙어와 수동태 (필수 암기 사항)

① see A as B : A를 B로 보다
= A be seen as B
② view A as B : A를 B로 보다
= A be viewed as B
③ think of A as B : A를 B로 보다
= A be thought of as B
④ look upon A as B : A를 B로 보다
= A be looked upon as B
⑤ consider A as B : A를 B로 보다
= A be considered as B
⑥ regard A as B : A를 B로 보다
= A be regarded as B
⑦ take A as B : A를 B로 보다
= A be taken as B
⑧ take A for B : A를 B로 보다
= A be taken for B
⑨ supply A with B : A에게 B를 제공하다
= A be supplied with B
⑩ furnish A with B : A에게 B를 제공하다
= A be furnished with B
⑪ provide A with B : A에게 B를 제공하다
= A be provided with B
⑫ present A with B : A에게 B를 제공하다
= A be presented with B
⑬ attribute A to B : A를 B의 탓으로 돌리다
= A be attributed to B
⑭ ascribe A to B : A를 B의 탓으로 돌리다
= A be ascribed to B
⑮ ask A for B : A에게 B를 요구하다
= A be asked for B
⑯ compose A of B : A를 B로 구성하다
= A be composed of B
⑰ make (up) A of B : A를 B로 구성하다
= A be made (up) of B
⑱ fill A with B : A를 B로 채우다
= A be filled with B
⑲ stuff A with B : A를 B로 채우다
= A be stuffed with B
⑳ remind A of B : A에게 B를 상기시키다
= A be reminded of B
㉑ warn A of B : A에게 B를 경고하다
= A be warned of B
㉒ inform A of B : A에게 B를 알리다
= A be informed of B
㉓ assure A of B : A에게 B를 확신시키다
= A be assured of B
㉔ convince A of B : A에게 B를 확신시키다
= A be convinced of B
㉕ deprive A of B : A에게서 B를 빼앗다
= A be deprived of B
㉖ rob A of B : A에게서 B를 빼앗다
= A be robbed of B
㉗ clear A of B : A에게서 B를 없애다
= A be cleared of B
㉘ prepare A for B : A를 B에 대비V, B를 위해 A를 마련V
= A be prepared for B
㉙ derive A for B : A를 B에서 얻다
= A be derived for B
㉚ spend A on B : A를 B에 소모하다
= A be spent on B
㉛ help A with B : A를 B의 일로 돕다
= A be helped with B
㉜ distinguish A from B : A를 B로부터 구별하다
= A be distinguished from B
㉝ tell A from B : A를B로부터 구별하다
= A be told from B
㉞ know A from B : A를B로부터 구별하다
= A be known from B
㉟ make A from B : A를 B로부터 만들어내다
= A be made from B
㊱ accustom A to B : A를 B에 익숙하게 만들다
= A be accustomed to B
㊲ divide A into B : A를 나누어 B로 만들다
= A be divided into B
㊳ change A into B : A를 바꾸어 B로 만들다
= A be changed into B
㊴ turn A into B : A를 바꾸어 B로 만들다
= A be turned into B
㊵ accuse A of B : A를 B혐의로 비난, 고발하다
= A be accused of B
㊶ blame A for B : A를 B혐의로 비난, 고발하다
= A be blamed for B
㊷ expect A to B : A를 B로부터 기대하다
= A be expected to B
㊸ prefer A to B : A를 B보다 선호하다
= A be preferred to B
㊹ rid A of B : A에게서 B를 제거하다
= A be ridded of B
㊺ relieve A of B : A를 B로부터 덜어주다
= A be relieved of B
㊻ strip A of B : A에게서 B를 벗겨내다
= A be stripped of B
㊼ cure A of B : A에게서 B를 치료하다
= A be cured of B
㊽ heal A of B : A에게서 B를 치료하다
= A be healed of B
㊾ free A of (from) B : A를 B로부터 해방시키다
= A be free of (from) B
㊿ equip A with B : A에게 B를 설비하다
= A be equipped with B
(51) endow A with B : A에게 B를 맡기다, 부여하다
= A be endowed with B
(52) entrust A with B : A에게 B를 맡기다
= A be entrusted with B
(53) share A with B : A를 B와 공유하다
= A be shared with B
(54) compare A with B : A를 B와 비교하다
= A be compared with B
(55) combine A with B : A를 B와 결합시키다
= A be combined with B
(56) relate A with B : A를 B와 연관시키다
= A be related with B
(57) attach A to B : A를 B에 붙이다
= A be attached to B
(58) impose A on B : A를 B에 부과하다
= A be imposed on B
(59) release A from B : A를 B로부터 해방시키다
= A be released from B
(60) adjust A to B : A를 B에 적응시키다
= A be adjusted to B
(61) substitute A for B : A를 B대신 사용하다
= A be substituted for B
(62) replace A with B : A를 B로 대체하다
= A be replaced with B
(63) exchange A for B : A를 B로 교환하다
= A be exchanged for B
(64) expose A to B : A를 B에 노출시키다
= A be exposed to B
(65) associate A with B : A를 B에 관련시키다
= A be associated with B
(66) mix A with B : A를 B와 섞다
= A be mixed with B
(67) mingle A with B : A를 B와 섞다
= A be mingled with B
(68) introduce A to B : A를 B에 소개시키다
= A be introduced to B
(69) convert A into B : A를 B로 전환하다
= A be converted into B
(70) mistake A for B : A를 B로 잘못보다
= A be mistaken for B

❷ 주절의 동사가 주장, 명령, 권고, 요구, 추천 등의 의미를 가지고 있을 때 that절에 '당위성'이나 "의무"의 의미가 들어간 내용이 나오면 that S (should) V.R

(1) So we would like to request that you stop delivery to our home.
그래서 우리는 귀사가 우리 집에 배달을 중단할 것을 요청 드립니다.

칼분석 100지문

Capt. Ben McGuire is a firefighter of 12 years. He explains, "When we
  S   V   C   S₁   V₁   접속사 S₂

have our sirens on, our goal is to get to the scene. Our concern is
 V₂   O₂   S₃   V₃   C₃   S₁   V₁
                          be to 용법
                          be to : ~하는 것이다.

getting to the scene to save lives and protect property. The same is true
   C₁   Vt₂   O₂   Vt₃   O₃   S   V   C
                  to 부정사의 목적적 해석   *숙어 the same is true with A
                  : ~하기 위하여   : A도 그러하다

with the police and ambulance. All emergency vehicles are equipped
                                          S₁   V₁(수동)

with sirens (that can easily be heard up to a distance of 300 meters.) We
       S₂   V₂(수동)   *주요 숙어   S₁
       관대주격   up to + 숫자 : 최대한 ~까지

demand [that the public (should) cooperate.] They should always yield to the
  V₁   O₁   S₂   V₂   S   V
              명사절

sirens."

[해석]
Ben McGuire서장은 12년 된 소방관이다. 그가 말했다. "우리가 사이렌을 울리고 있을 때에 우리의 목표는 (화재)현장에 달려가는 것입니다. 우리의 할 일은 생명을 구하고 재산을 보호하기 위해 현장에 도착하는 것입니다. 경찰관이나 구급차의 경우에도 마찬 가지입니다. 모든 긴급용 차량들에는 최대 300미터의 거리까지도 쉽게 들릴 수 있는 사이렌이 비치되어 있습니다. 우리는 시민들이 협력해야 한다고 요청합니다. 사람들은 항상 사이렌을 울리는 차량에게 양보를 해야 합니다."

[정답]
(5) the public cooperates. → the public cooperate (O)
                              the public should cooperate (O)

[해설]
demand 동사와 연동하여 해석

비상구 100지문

018 — 문맥이나 어법상 어색한 것을 찾아라

Almost three out of four business enterprises indicate that high school graduates they (1) had employed were lacking in basic skills. They say they are talking about skills that (2) ❶ should have been achieved in high school. One company president remarks, "Not being able (3) to complete the application is a clue. That person probably has a lack of basic skills. He (4) ❷ may be absent from school too much. Hiring him could (5) be very costly to my company."

점검하기

❶ should have pp : "~했어야만 했다 그런데 안 해서 유감이다"

(1) You should have asked for a mortgage loan.
당신은 저당 대출을 요구했어야만 했다.

(2) I should not have been so spiteful.
나는 그토록 심술궂지 말았어야 했다.

❷ might(may) have pp : ~였을지도 모른다(과거에 대한 불확실한 추측)

(1) The neighbor may have changed since your friend knew him, or perhaps your friend's judgment is simply unfair.
그 이웃은 당신의 친구가 그를 알았던 시점이라도 변했을 수도 있고 아니면 아마도 당신의 친구 판단이 그냥 공정하지 않을 것일 수도 있다.

Almost three out of four business enterprises indicate [that high school
                S₁   V₁   O₁   S₂
                                                            명사절

*숫자1 out of 숫자2 = 숫자1/숫자2 (분수개념)

graduates (they had employed) were lacking in basic skills. They say
              S₃   V₃   V₂   S₁   V₁
     (that)
       O₃

[they are talking about skills] (that should have been achieved in high
  S₂   V₂   S₃   V₂   should have pp = 했어야 했던
(that) 명사절   관대주격
  O₁

school.) One company president remarks, "Not being able to complete
            S   V   동명사 S

the application is a clue. That person probably has a lack of basic skills. He
                V   C   S   V   O   S

may have been absent from school too much. Hiring him could be very
    V   C   동명사 S   V
may have pp : 과거에 대한 추측

costly to my company."
  C

해석
거의 4분의 3에 해당하는 기업체들은 그들이 고용한 고졸 신입사원들에게 기초적 능력이 부족하다고 지적한다. 기업체들은 고등학교에서 얻어졌어야 할 기술에 대해 논하고 있는 것이라고 설명한다. 한 회사의 사장이 말했다. "입사지원서를 완성시키지 못한다고 하는 것은 하나의 단서가 된다. 그 사람은 아마도 기초 능력에 부족함을 가지고 있는 것일 것이다. 그는 학교 다닐 때 결석을 많이 했을 것이다. 그를 고용한다는 것은, 우리 회사에 있어서 많은 낭비(손실)가 될 수 있다."

정답
(4) may be absent from school → may have been absent from school
해설
과거 사실에 대한 추측

비상구 100지문

019 글의 흐름으로 보아 밑줄 친 부분이 자연스럽지 못한 것은?

In 1893, President Grover Cleveland (1) <u>was informed that he had cancer</u>. Surgery was done (2) <u>on Cleveland on a yacht</u>. Most of his upper left jaw was removed. He insisted that the operation (3) <u>has kept secret</u>. He ❶ <u>was afraid that</u> worries about his health might aggravate the difficult business problems the country (4) <u>was facing at the time</u>. Cleveland was fitted with an artificial jaw (5) ❷ <u>made of hard rubber</u>, and no one seemed to notice the difference. The secret was not revealed until 1917.

점검하기

❶ 뒤에 바로 명사절을 목적어로 취할 수 있는 형용사

- sure + that절 (확신하는)
- afraid + that절 (두려워하는)
- conscious + that절 (인식하는)
- unaware + that절 (알지 못하는)
- ignorant + that절 (알지 못하는)
- regretful + that절 (유감스러워하는)
- positive + that절 (확신하는)
- suspicious + that절 (그럴 것이라고 의심하는)
- glad + that절 (반가워하는)
- thankful + that절 (고마와 하는)
- certain + that절 (확신하는)
- sorry + that절 (유감스러워하는)
- aware + that절 (인식하는)
- unconscious + that절 (알지 못하는)
- hopeful + that절 (희망하는)
- confident + that절 (확신하는)
- doubtful + that절 (아니라고 생각하는)
- proud + that절 (자랑스러워하는)
- grateful + that절 (감사히 여기는)

(1) The only man confident that they are alive is the detective.
그들이 살아있다고 확신하는 유일한 사람은 그 형사이다.

(2) I am glad that you've come.
와 주어서 반갑다.

(3) He is suspicious that there must be an ambush ahead.
그는 앞에 분명히 매복이 있을 것이라고 의심하고 있다.

❷ 과거분사구 후치수식 : ~된, ~당한

(1) Poor distribution combined with minimal offerings provided little incentive to purchase the new product.
최소한의 제공품들과 결합된 형편 없는 유통상황은 그 새로운 상품을 구매할 동기를 거의 제공하지 않았다.

(2) One of the most important shifts will be an increased recognition of patient individuality, a concept now largely ignored.
가장 중요한 변화 중의 하나는 현재 매우 무시당하고 있는 개념인 환자의 개인적 특성에 대한 인식의 증가가 될 것이다.

칼분석 100지문

In 1893, President Grover Cleveland was informed [that he had cancer.]
  S₁   V₁(4형식 수동태)   DO₁ S₂ V₂ O₂
                                      명사절

Surgery was done on Cleveland on a yacht. Most of his upper left jaw
  S   V   S

was removed. He insisted [that the operation should be kept secret.] He was
  V(수동)   S₁ V₁   O₁   S₂   V₂(수동)   O·C₂   S₁ V₁
                  명사절

afraid [that worries about his health might aggravate the difficult business
 C₁   O₁   S₂   V₂   O₂
    ↑ 명사절을 바로 목적어로 취하는 형용사

problems (the country was facing at the time.) Cleveland was fitted with
              S₃   V₃   S₁   V₁(수동)
      (that)
       O₃

an artificial jaw (made of hard rubber,) and no one seemed to notice
                   └─ PP 후치수식   절의 병렬 S₂   V₂   C₂(Vt₃)

the difference. The secret was not revealed until 1917.
     O₃   S   V(수동)

해석
1893년 Cleveland 대통령은 자신이 암에 걸린 것을 알게 되었다. 요트위에서 그에게 수술이 행해졌다. 그의 왼쪽 위 턱이 거의 다 제거되었다. 그는 수술이 비밀로 유지되기를 주장했다. 그는 그의 건강에 대한 걱정이 당시 국가가 직면하고 있었던 어려운 경제 문제를 악화시킬 것을 염려했다. 그에게는 단단한 고무로 만들어진 인공턱이 맞추어졌는데 아무도 그 차이를 알지 못하는 것 같았다. 이 비밀은 1917년까지 밝혀지지 않았다.

정답
(3) has kept secret. → should be kept secret.

해설
insist(주장하다)의 목적어로 that 절이 올 때 "~해야 한다"고 주장하다 라는 의미가 되면 that S + (should) + V.R 형태가 되어야 함.

비상구 100지문

020 (A), (B), (C)의 각 네모 안에서 어법에 맞는 표현을 골라 짝 지은 것은?

The headquarters of the federal environment agency occupies a building of an abandoned gasworks. (A) ❶ [Designed by / Designing] a young Berlin-based firm, it is praised as one of the most efficient in the world, but it hides its sustainability from the outside world. Four stories high, it wraps around a vast interior courtyard that is cooled and heated by a system of underground pipes. Vents in the glass roof of it (B) [prevent / allow] hot air to escape, and an occasional breeze passes through the courtyard's gardens. The pattern, it turns out, is carefully tuned to the surrounding environment: the green (C) [is reflected / reflects] a nearby park; and the blue, the sky. ❷ It is only too natural to say that it might embody a new, ecologically sensitive Europe.

	(A)	(B)	(C)		(A)	(B)	(C)
(1)	Designing	prevent	reflects	(2)	Designing	allow	reflects
(3)	Designed by	allow	is reflected	(4)	Designed by	prevent	is reflected
(5)	Designed by	allow	reflects				

점검하기

❶ 분사구문 : 주절의 주어와 능동관계이면 V.R ing, 수동관계이면 pp를 사용

(1) Written by a child, the passage is easy to read.
   아이에 의해 쓰여진, 이 구절은 읽기가 쉽습니다.
(2) You can talk to each other in real time, looking at each other on a palm-sized phone.
   당신은 손바닥만한 전화기로 얼굴을 보면서 실시간으로 대화 할 수 있다.

❷ it + V... + to V.R : (가주어 진주어 용법) to V.R 하는 것은 V하다

(1) It is nice to have what you want when you want it, but the ability to delay satisfaction is important.
   원하는 것을 원할 때 갖는 것은 좋은 일이지만, 만족을 지연하는 능력은 중요하다.
(2) It is important to be mindful about every single aspect of purchasing food.
   식품을 구입하는 데 있어서 하나하나 모든 면에 주의를 기울이는 것이 중요하다.

칼분석 100지문

The headquarters of the federal environment agency occupies a building
　S　└→ 본부, 사령부 (복수 형태지만 종종 단수 취급한다)　　　　　V　　　　O

of an abandoned gasworks. Designed by a young
　　　　　　　　　　　　　　수동 분사구문 (주절의 주어 it과 수동관계)

Berlin-based firm, it is praised as one of the most efficient in the world, but
　　　　　　　　　S₁　V₁　　~로써 (전치사)　　　　　　　　　　　　　절의 병렬

it hides its sustainability from the outside world. Four stories high, it wraps
S₂　V₂　　O₂　　　　　　　　　　　　　　　　　　　　　　　　　S₁　V₁

around a vast interior courtyard (that is cooled and heated by a system of
　　　　　　　　　　　　　　　　　S₂　　V₂(수동)
　　　　　　　　　　　　　　　　관대주격

underground pipes). Vents in the glass roof of it allow hot
　　　　　　　　　　S₁　　　　　　　　　　　　　V₁　O₁

air to escape, and an occasional breeze passes through the courtyard's
O·C　　　절의 병렬　　S₂　　　　　　　V₂
(to부정사 목적보어)
allow + O + toV.R = O가 toV.R하는 것을 허락하다.

gardens. The pattern, it turns out, is carefully tuned to the surrounding
　　　　　　S　　　　삽입절　　　V(수동)
: ~로 밝혀졌는데 (독립적으로 해석하면 편하다.)
(원래는 It turns out that the pattetn is~)

environment: the green reflects a nearby park; and the
　　　　　　　　S　　　V　　　　O

blue, the sky. It is only too natural to say [that it might embody a new,
　　　　　　　가주어 V₁　매우　　　　C₁　진주어　O₂　S₃　V₃　　　O₃
　　　　　　　S₁　　　　　　　S₁(Vt₂)　명사절　　　　　　　(콤마는 and의 대용어)

ecologically sensitive Europe.]

해석
연방환경청의 본부는 버려진 가스공장 건물을 차지하고 있다. 베를린에 있는 신생기업에 의해 디자인 된 그 건물은 세계에서 가장 효율적인 건물의 하나로 칭송받고 있으나 그것의 환경친화성을 외부세계로부터 숨기고 있다. 4층 높이의 그 건물은 커다란 안뜰이 있는데 그 안뜰은 지하의 파이프로 냉난방이 이루어지고 있다. 그 건물의 유리 지붕에 나있는 환기구는 뜨거운 공기는 나가게 하고 이따금 부는 미풍이 안뜰의 정원을 통과하도록 해준다. 건물의 무늬는 주변 환경에 맞추어 주의 깊게 조화되어 있는 것을 알 수 있는데, 녹색은 근처의 공원을, 파란색은 하늘을 반영한 것이다. 그 건물이 생태적으로 민감한 새로운 유럽을 구현하고 있는 것 같다고 말하는 것은 너무나도 당연한 것이다.

정답
⑤ 번 – (A) Designed by　(B) allow　(C) reflects

021 문맥이나 어법상 어색한 것을 찾아라

Some interior designers ❶ seem to think plastic plants are superior (1) than real ones. Real plants, however, can (2) do much that even ❷ the most realistic plastic ones can't. Plants, for example, (3) improve the quality of the air by giving off oxygen and (4) absorbing certain air pollutants. Also they cool the air (5) ❸ as water evaporates from their leaves. Large plants can even cover the noisy sounds of construction works and street traffic.

점검하기

❶ S + seem to V.R : ~하는 것처럼 보이다

(1) War seems to be part of the history of humanity.
전쟁은 인류 역사의 일부인 듯하다.

(2) Just a simple change of language seemed to invite the students to process and store information in a much more flexible format, and thus be able to look at it and make use of it in different ways.
단지 단순한 언어의 변화가 학생들을 훨씬 더 융통성 있는 체제로 정보를 처리하고 저장하도록, 따라서 다른 방식으로 그것을 보고 그것을 이용할 수 있게 안내하는 것 같았다.

(3) Face perception seems to work the same way.
얼굴을 알아보는 것도 동일한 방식으로 이루어지는 듯하다.

❷ the + est : 최상급

(1) This, in the simplest definition, is a promise enforceable by law.
가장 단순한 정의로 이것은 법에 의해 집행할 수 있는 약속이다.

(2) The central problem is that the voters in low-performing groups were trying to build social cohesion rather than to produce the highest returns.
중심적인 문제는 낮은 성취를 이룬 집단들의 투표자들은 가장 높은 수익을 만들어내기보다는 사교적인 결속을 구축하려고 했다는 것이다.

❸ as : ~할 때, ~하면서 (시간의 부사절을 이끄는 접속사)

(1) 'What's happening?' he wondered as he gripped the armrests.
'무슨 일이 일어나고 있는 걸까?' 그는 의자의 팔걸이를 꼭 쥐면서 의아해 했다.

(2) As night fell, she could just perceive outside a huge tree swinging its branches.
어둠이 내리면서, 그녀는 그것의 가지들을 흔들고 있는 바깥의 거대한 나무를 인식할 수 있었다.

(3) As she helped Joan clean up, she tried to think of a way to compensate her for the damage.
Joan이 치우는 것을 도우며, 그녀는 그 손해에 대해 보상하는 방법을 생각해 내려고 했다.

칼분석 100지문

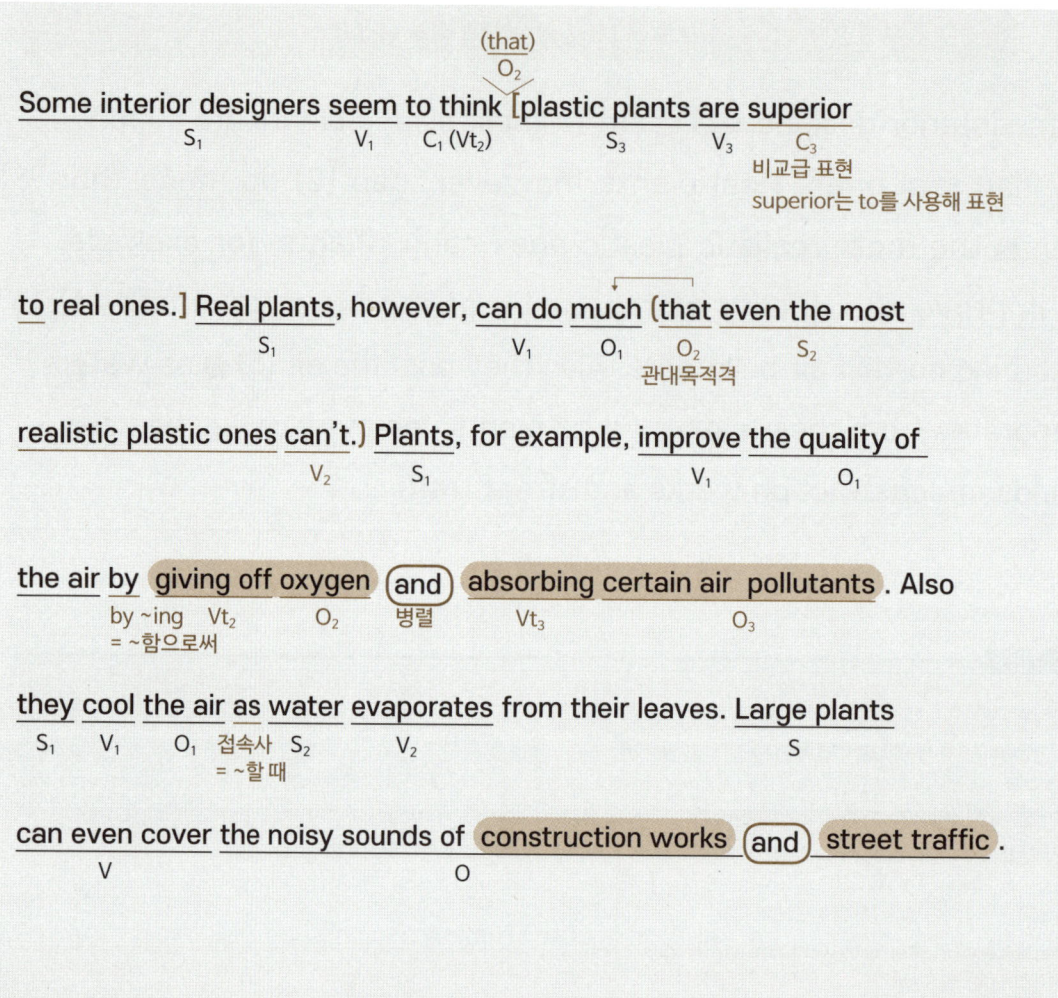

해석
일부 실내 디자이너들은 진짜 식물보다 플라스틱 식물(조화)이 더 낫다고 생각하는 것 같다. 그러나 진짜 식물들은, 아주 진짜 같은 플라스틱 식물이 하지 못하는 많은 것을 할 수 있다. 예를 들어, 식물들은 산소를 방출하고 특정 오염 물질을 흡수함으로써 공기의 질을 개선시킨다. 또한 그것들(식물)은 잎으로부터 수분이 증발할 때 공기를 시원하게 한다. 커다란 식물들은 건설작업이나 거리의 자동차들로 부터의 소음을 막아주기까지 한다.

정답
(1) than real ones. → to real ones.

해설
superior는 to와 어울림

문맥이나 어법상 어색한 것을 찾아라

Do you work or live with people (1) <u>who are very negative?</u> Then don't spend any ❶ more time with really negative people than you have to. If you have learned that they are going to be negative (2) <u>no matter what happens,</u> ❷ then try to avoid having lunch or breaks with them or (3) <u>being around them</u> at any time (4) <u>when is not necessary.</u> If you can find a way to work separately from them, without being offensive or obvious, (5) <u>then do so.</u>

점검하기

❶ 유사관계 대명사 than
cf) 선행사가 '비교급' 또는 '비교급이 수식하는 명사'일 때 관계대명사를 than으로 사용하고 '-하는 것 보다 -한 선행사'라고 해석한다.
(1) There was more in this sentence than read.
이 문장에는 읽는 것 이상이 있었다. – 즉, 자구 이상의 의미가 내포되어졌다.
(2) I can raise more money than is needed for the project.
나는 그 사업계획에 필요로 되어지는 것 이상의 돈을 모을 수 있다.
(3) There was more than met the eyes.
눈에 보이는 것 이상이 있었다.
(4) There will be more comers than we expect there to be.
우리가 있을 것이라고 예상하는 것보다 더 많은 참가자가 있을 것이다.

❷ 문장 중간의 then : 계속해서, 그렇다면
(1) If the habit involves your hands, as when pulling out hair, then try to occupy them in some other way.
만약 그 습관이 머리채를 잡아당길 때처럼 당신의 손을 필요로 한다면, 그 손을 어떤 다른 방식으로 사용하려고 시도해 보라.
(2) However, if the assignment were stated somewhat vaguely, then you would have more room to think and be more creative.
하지만, 만약 그 임무가 다소 막연하게 진술된다면, 당신은 생각하고 보다 더 창의적이 될 여지를 더 많이 가질 것이다.
(3) If you demand that children tell you the truth and then punish them because it is not very satisfying, you teach them to lie to you to protect themselves.
만약 자녀들에게 사실을 말하라고 요구하고서 그것이 충분히 만족스럽지 못하다는 이유로 자녀에게 벌을 준다면, 자신을 보호하기 위해서 당신에게 거짓말을 하라고 그들에게 가르치는 셈이다.
(4) That is, if you can convince yourself that the first draft isn't your best writing and can be made more effective with additional thought and some revision, then it will be easier to get started.
다시 말해, 초고는 당신이 가장 잘 쓴 글이 아니며 생각을 첨가하고 약간의 수정을 하면 더 효과적으로 만들 수 있다고 자신에게 납득시킬 수 있다면, 시작하기가 더 쉬워질 것이다.
(5) Then I asked my first question, and he just said, "I don't know."
그리고 나는 내 첫 질문을 던졌는데 그는 단지 "모릅니다."라고만 대답했다.

칼분석 100지문

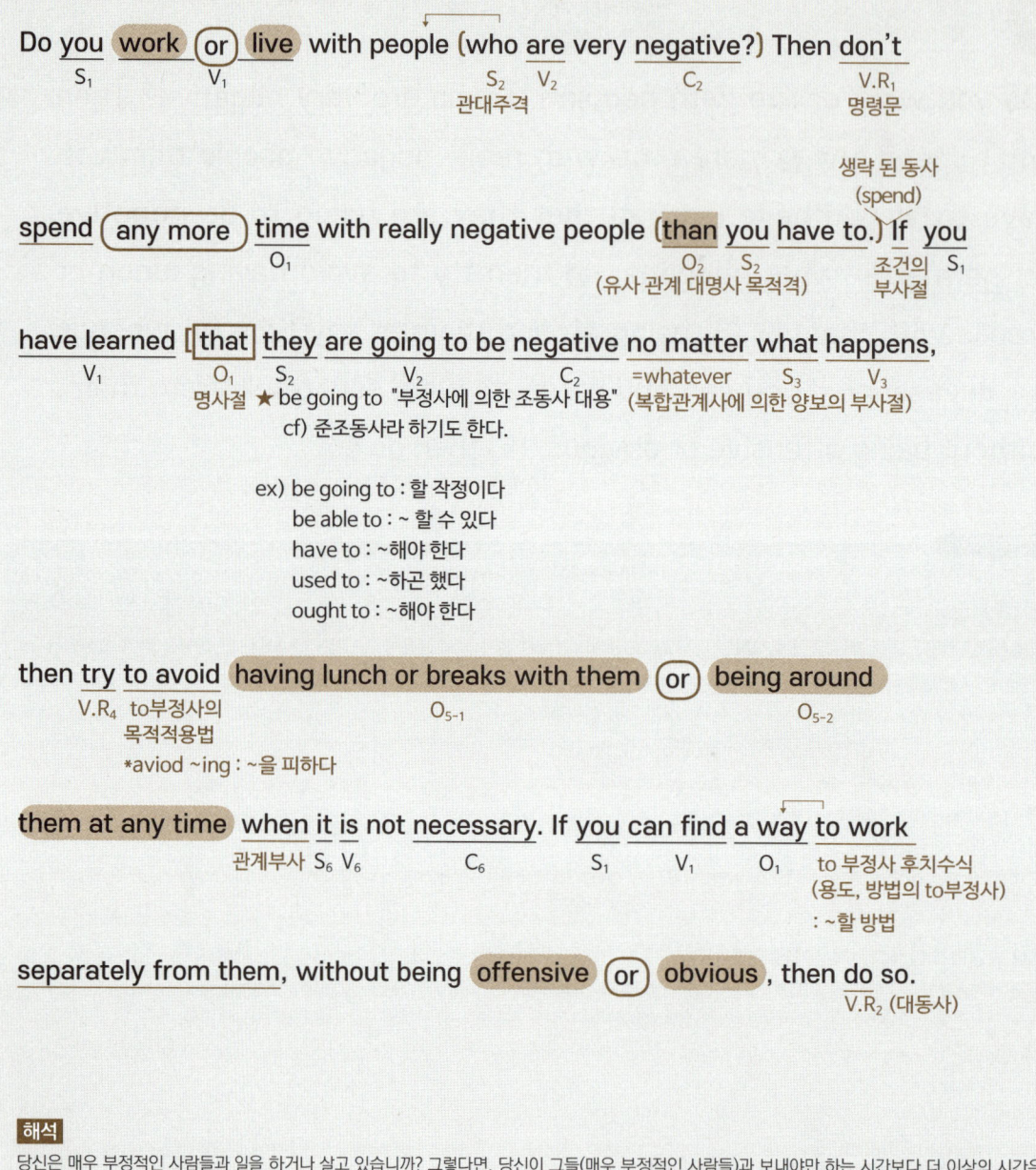

해석
당신은 매우 부정적인 사람들과 일을 하거나 살고 있습니까? 그렇다면, 당신이 그들(매우 부정적인 사람들)과 보내야만 하는 시간보다 더 이상의 시간은 보내지 마십시오. 만약 당신이, 그들은 무슨 일이 있어도 부정적일 것이라는 걸 알게 되었다면, 그들과 점심 혹은 휴식시간을 함께 하는 것, 혹은 필요하지 않은 때에 그들 주위에 있는 것은 피하세요. 만약 당신이 그들과 떨어져서 일 할 방법을 찾을 수 있다면, 무례하거나 눈에 잘 띄지는 않게, 그렇게 하도록 하세요.

정답
(4) when is not necessary. → when it is not necessary.

해설
관계사절의 주어 it이 필요!

023 다음 글에서 밑줄 친 부분 중, 어법상 틀린 것은?

European influence has been present in (1) the Philippines since Magellan landed in Cebu in the middle of the sixteenth century. Since then, the Philippines (2) ❶ have been infused with Spanish cultural elements that have manifested themselves in everything from food to religious worship. Conversion to Catholicism was an important factor in the colonization of the Philippines under Spain, perhaps (3) because of religious dogma and the fear of hell kept the peasant people in line. Thus, religion has been used as a paramilitary force ❷ in order to achieve a (4) more complete colonization. This was true mostly for the peasant classes. In the upper classes, Catholicism was embraced along with the acquisition of skill in the Spanish language. (5) Many of the newly created landed gentry were mixtures of indigenous Filipino and Spanish blood.

점검하기

❶ have been pp : ~되어지고 있다, ~되어졌다, ~된 적이 있다 (현재완료 수동) (과거형 처럼 해석)

(1) In the game, the players use a broomstick to throw an old bicycle tire that has been specially modified to make it floppy.
이 게임에서, 선수들은 유연하도록 특별히 개조된 낡은 자전거 바퀴를 던지기 위해 빗자루를 사용한다.

(2) In America a numerical system based on a scale of 1 to 70 has been introduced, in which 1 is the lowest grade possible and 70 is perfect.
미국에서는 1부터 70까지의 크기의 숫자로 나타낼 수 있는 시스템이 도입되었고, 1은 가장 낮은 등급, 70은 완벽을 나타낸다.

❷ (in order / so as) to V.R : ~하기 위하여 (목적적 용법)
to부정사가 문장의 처음에 위치하거나 (종종 콤마를 찍는다), 문장(절)의 마지막 부분에 위치할 때, '목적적 의미'를 가지기 때문에 '~하기 위하여'라고 해석한다.

(1) Now, as always, cities are desperate to create the impression that they lie at the center of something or other.
항상 그렇듯이 지금 도시는 무언가의 중심에 놓여 있다는 인상을 만들어내기 위해 필사적이다.

(2) Rosalyn's parents did everything possible to avoid favoring one child over the others, and this resulted in her feelings being hurt.
Rosalyn의 부모님은 한 아이를 나머지 다른 아이들보다 편애하는 것을 피하기 위해 가능한 모든 일을 했고, 이로 인해 그녀의 감정은 상처를 입게 되었다.

(3) In the end, her mother did give Rosalyn a honey cake on her birthday — a really small one, because she split the batter for one cake into three parts, to treat her daughters equally.
결국 그녀의 어머니는 Rosalyn에게 그녀의 생일에 벌꿀 케이크를 정말 주었다. 그런데 그녀는 딸들에게 균등하게 대접하기 위해 케이크 하나에 해당하는 반죽을 세 부분으로 나누었기 때문에 정말로 작은 케이크를 주었다.

칼분석 100지문

European influence has been present in the Philippines since Magellan landed in Cebu in the middle of the sixteenth century. Since then, the Philippines have been infused with Spanish cultural elements (that have manifested themselves in everything from food to religious worship.) Conversion to Catholicism was an important factor in the colonization of the Philippines under Spain, perhaps because religious dogma and the fear of hell kept the peasant people in line. Thus, religion has been used as a paramilitary force in order to achieve a more complete colonization. This was true mostly for the peasant classes. In the upper classes, Catholicism was embraced along with the acquisition of skill in the Spanish language. Many of the newly created landed gentry were mixtures of indigenous Filipino and Spanish blood.

해석
Magellan이 16세기 중반에 Cebu에 상륙한 이래로, 필리핀에서는 유럽의 영향이 있어 왔다. 그 때 이래로 필리핀인들은 음식에서부터 종교까지 이르는 모든 것에서 존재해 오고 있는 스페인의 문화적 요소를 주입받아 왔다. 카톨릭으로의 개종은 스페인의 통치하에서 필리핀의 식민지화에 있어서 중요한 요소였다. 아마도 이는 종교적인 교리와 지옥에 대한 두려움이 농민들이 규칙을 지키게 했기 때문이다. 그러므로, 종교는 더 완전한 식민지화를 달성하기 위한 군사력에 준하는 힘으로서 사용되어져 왔다. 이는 주로 농민 계층에게 들어 맞았다. 상위 계층에게는 스페인 어 구사 능력의 획득과 더불어서 카톨릭이 받아들여졌다. 새로이 만들어진 지주 계층의 다수는 필리핀 토착민과 스페인계의 혼혈인이었다.

정답
(3) because of → because

해설 뒤에 절이 있으므로 접속사를 써야 함

비상구 100지문

024 문맥이나 어법상 어색한 것을 찾아라

(1) One day a truck hit a pedestrian on the street. (2) The driver argued that the careless pedestrian was to blame for the accident. (3) ❶ It was difficult to determine exactly where the accident had taken place. (4) Many witnesses insisted ❷ that the accident should take place on the crosswalk. (5) So, the driver was held responsible for the accident.

점검하기

❶ it 가주어, to이하 진주어

(1) It is nice to have what you want when you want it, but the ability to delay satisfaction is important.
원하는 것을 원할 때 갖는 것은 좋은 일이지만, 만족을 지연하는 능력은 중요하다.

(2) It was, therefore, important for the viewer to create a distance from the actions on the stage so as to facilitate interpretation of the content.
그리하여 그 내용에 대한 이해를 쉽게 하기 위해 관객이 무대 위의 연기로부터 거리를 형성하는 것이 중요했다.

(3) It is not easy to show moral courage in the face of either indifference or opposition.
무관심이나 반대에 직면하여 도덕적 용기를 보여주기는 쉽지 않다.

❷ 신빙성에 대한 주장 VS 당위성에 대한 주장

'추천(recommend), 주장(insist), 명령(order, command), 제안(suggest, propose)' 등의 동사의 목적어로 'that S + V (명사절)' 형태가 오는 경우에 글의 문맥상 '당위성'의 의미가 있는 경우에는 'that S + (should) + V.R' 형태가 와야한다.

(1) I insist that my lawyer (should) stay with me.
나는 내 변호사가 나와 함께 있어야 한다고 주장했다.

그러나 '당위성의 의미가 없이, 문맥상 '신빙성(단순사실)'의 의미만 있는 경우에는, 글의 문맥에 맞춰 시제를 일치 시켜야 한다.

(2) He insisted that he had seen her in that town.
그는 그 도시에서 그녀를 보았다고 주장했다.

One day a truck hit a pedestrian on the street. The driver argued
         S   V   O   S   V

[that] the careless pedestrian was to blame for the accident. It was
명사절   S   V   숙어적 부정사   가S₁ V₁
                              A is to blame for B = B에 대하여 A가 책임이 있다.

difficult to determine exactly [where the accident had taken place.] Many
   C₁   진S₁ (Vt₂)   부사   O₂   S₃   V₃   S₁
                                    명사절

witnesses insisted [that] the accident had taken place on the crosswalk.]
              V₁   O₁   S₂   V₂
                   명사절

So, the driver was held responsible for the accident.
      S   V(수동)   O·C (5해석 수동태에서 목적보어)

해석
어느 날 한 트럭이 거리에서 보행자를 치었다. 그 운전사는 부주의한 보행자가 사고의 책임을 져야 한다고 주장했다. 사고가 발생한 장소를 정확히 정하기는 어려웠다. 많은 증인들은 사고가 횡단보도 상에서 발생했다고 주장했다. 그리하여 그 운전사가 사고의 책임이 있다고 판결되었다.

정답
(4) Many witnesses insisted that the accident <u>should</u> take place on the crosswalk.
→ Many witnesses insisted that the accident <u>had</u> taken place on the crosswalk.

025 다음 글에서 밑줄 친 부분 중, 어법상 틀린 것은?

The Great Sphinx (1) <u>was built almost</u> 5,000 years ago, when Khafre was king of Egypt. Its human head was carved to look like (2) <u>that of the king.</u> The lion body stands for the king's strength. (3) <u>Both the head and body</u> were carved from solid rock. The paws and legs (4) <u>built of stone blocks.</u> This great statue is 20 meters high and ❶ <u>more than</u> 70 meters long. It (5) <u>stands guard</u> over the road that leads to the pyramid ❷ <u>built by King Khafre.</u>

점검하기

❶ 비교급 than : ~보다 더 ~한(하게)   more than + 숫자 = over + 숫자

❷ 명사+과거분사구: ~된 명사(과거분사 후치 수식)

(1) Roman doll-makers continued to use technology developed by the Egyptians and Greeks, but in line with the artistic sensibilities of their culture, they were constantly trying to make dolls more elegant and beautiful.
로마의 인형 제작자들은 이집트인들과 그리스인들에 의해 개발되었던 기술을 계속해서 사용했지만, 그들 문화의 예술적인 감수성에 일치하게 인형을 우아하고 아름답게 만들려고 계속적으로 노력했다.

(2) Our heads do not resemble steam kettles, and our brains involve a much more complicated system than can be accounted for by images taken from nineteenth-century technology.
우리의 머리는 증기 주전자를 닮지 않았으며 우리의 뇌는 19세기 과학기술이 이끌어낸 이미지에 의해 설명될 수 있는 것보다 훨씬 더 복잡한 시스템을 내포하고 있다.

(3) Around 350 B.C. there lived in Greece a very famous painter named Apelles.
기원전 350년 경, 그리스에 Apelles라는 아주 유명한 화가가 살았다.

칼분석 100지문

The Great Sphinx was built almost 5,000 years ago, when Khafre was
S₁   V₁(수동)   접속사   S₂   V₂

king of Egypt. Its human head was carved to look like that of the king.
C₂   S   V(수동)   to부정사의 목적적 용법   앞에 나온 '머리'를 지칭한다
                                    : ~하기 위하여

The lion body stands for the king's strength. Both the head and body
S   V(타동사구)   O   S
   : ~를 상징하다, 의미하다   Both A and B = A, B 둘 다

were carved from solid rock. The paws and legs were built of stone blocks.
V(수동)   S   V(수동)
                              (S₂+V₂)   be built of A : A로 만들어졌다

This great statue is 20 meters high and more than 70 meters long. It
S₁   V₁   C₁   C₂   S₁

stands guard over the road (that leads to the pyramid built by King
V₁   O₁   S₂   V₂   O₂   pp 후치수식
                         관대주격

Khafre.)
                * stand guard over A : A를 호위하다, 보호하다
                * stand는 타동사로 '~의 임무를 받다' 라는 의미가 있다.

해석
스핑크스는 약 5000년 전 Khafre 가 왕이었을 때 세워졌다. 인간의 모습인 머리는 왕의 머리처럼 새겨졌다. 사자의 몸은 왕의 힘을 상징한다. 머리와 몸은 단단한 암석으로 조각되어졌다. 발톱과 다리는 돌덩어리로 만들어졌다. 이 거대한 상은 높이가 20 미터이고 길이가 70미터 이상이다. 이것은 Khafre 왕이 세운 피라미드에 이르는 길을 감시하고 있다.

정답
(4) built of stone blocks → were built of stone blocks
해설
주어 + 술어 구조의 절이며 be pp 수동태

비상구 100지문

026 문맥이나 어법상 어색한 것을 찾아라

It is often believed that the function of school is (1) to produce knowledgeable people. If schools (2) only provide knowledge, however, they may destroy creativity, (3) ❶ producing ordinary people. We often (4) hear stories of ordinary people who, ❷ if education had focused on creativity, could have become great artists or scientists. Those victims of education (5) should receive training to develop creative talents while in school. It really is a pity that they did not.

점검하기

❶ 분사구문

(1) Ideological influences also factored in; elites in particular were skepticalof television, perceiving it as a messenger of mass culture and Americanization.
이데올로기적인 영향력도 또한 요인에 들어 있었는데, 특히 엘리트들은 텔레비전에 대해 회의적이었고 그것을 대중문화와 미국화의 전령으로 인식했다.

(2) The making of this requires the mutual agreement of two or more persons or parties, one of them ordinarily making an offer and another accepting.
이것을 만드는 것은 둘 이상의 사람이나 단체의 상호 동의를 필요로 하는데, 보통 한 쪽이 제안을 하고 다른 쪽이 수락을 하게 된다.

(3) Regarding female children with asthma, the lowest percentage in urban areas was greater than the highest percentage in rural areas.
천식이 있는 여자 아이들에 관해서는, 도시 지역에서 가장 낮은 비율이 시골 지역의 가장 높은 비율보다도 더 높다.

❷ 가정법 과거 if S V-ed, S would(should / could / might) V.R : ~라면 ~할 텐데
가정법 과거완료 if S had pp, S would(should / could / might) have pp : ~였다면 ~했을텐데

(1) However, if the assignment were stated somewhat vaguely, then you would have more room to think and be more creative.
그러나, 만약 임무(과제)가 다소 막연하게 말해진다면, 당신은 그 문제에 대한 생각할 기회를 좀 더 가질 것이며 좀 더 창의적이 될 것이다.

(2) But if I'd told you that, you might have panicked and none of us would have made it.
하지만 내가 당신에게 그걸 미리 말했더라면 당신은 당황했을 것이고 아무도 이것을 해내지 못했을 것입니다.

It is often believed [that] the function of school is to produce
가S_1　　V$_1$　　진S_1　　S$_2$　　V$_2$　C$_2$(Vt$_3$)
　　　　　　　　　　　　　　　　be to = ~하는 것이다

knowledgeable people. If schools only provide knowledge, however,
　　　O$_3$　　접속사　S$_1$　　V$_1$　　O$_1$

they may destroy creativity, producing ordinary people. We often
S$_2$　V$_2$　　O$_2$　　Vt$_3$　　O$_3$　　S$_1$
　　　　　　　　　　분사구문 = ~하면서

hear stories of ordinary people (who, if education had focused on
V$_1$　O$_1$　　　　　　　　　S$_2$　　S$_3$　　V$_3$(타동사구)
　　　　　　　　　　　　　　관대주격

creativity, could have become great artists or scientists.) Those victims of
O$_3$　　V$_2$　　　　　C$_2$　　　　　　　　S$_1$

education should have received training to develop creative talents while in
　　　　　　V　　　　　O　　to부정사 목적적용법 : ~하기 위하여　접속사
　　should have pp　　　　*train to V.R이 동명사화 되었다.
　= 했어야 했는데 하지 못했다

school. It really is a pity [that] they did not.]
　　　가S_1　V$_1$　C$_1$　진S_1　S$_2$　V$_2$

해석
종종 학교의 기능은 지식인을 생산해내는 것이라고 믿어진다. 하지만, 만일 학교가 오직 지식만을 제공한다면 학교들은 평범한 사람들을 양산해 내면서 창조성을 파괴할 지도 모른다. 우리는, 교육이 창조성에 초점을 두었더라면 훌륭한 예술가나 과학자가 되었을 수도 있었던 평범한 사람들에 관한 이야기를 종종 듣게 된다. 그러한 교육의 희생양들은 학교에 있는 동안 창의적 재능을 기르는 훈련을 받았어야 했다. 그들이 그러지 못했다는 것은 참으로 안타깝다.

정답
(5) should receive → should have received

해설
과거 사실에 대한 유감 표명은 should have pp

비상구 100지문

027   문맥이나 어법상 어색한 것을 찾아라

Yesterday, I went to a bookstore (1) <u>to buy</u> a book about computers. I asked a clerk (2) <u>where did they have</u> books about computers. She said ❶ that (3) <u>they were</u> on the second floor. (4) ❷ <u>I was surprised that</u> there were a large number of books. It took me a long time (5) <u>to find one</u> that was for beginners like me.

점검하기

❶ V+that S V: ~라고 V하다 (동사의 목적어로 쓰이는 명사절 that)

(1) Not all authors trusted that the theater audience would automatically understand their plays in the intended manner.
모든 작가들이 극장의 청중들은 저절로 자신들의 극을 의도된 방식으로 이해할 거라고 믿지는 않았다.

(2) A study of investment clubs showed that the worst-performing clubs were built on affective ties and were primarily social, while the best-performing clubs limited social connections and focused on making money.
투자 클럽에 대한 한 연구는 최악의 성과를 보이는 집단은 애정적인 결속 위에서 만들어졌고 기본적으로 사교적인 반면에, 최고의 성과를 내는 집단은 사교적인 연결을 제한했고 돈을 버는데 집중했다는 것을 보여주었다.

❷ be + 형용사(분사 형용사 포함) that절
*뒤에 바로 명사절을 목적어로 취할 수 있는 형용사

- sure + that절 (확신하는)
- afraid + that절 (두려워하는)
- conscious + that절 (인식하는)
- unaware + that절 (알지 못하는)
- ignorant + that절 (알지 못하는)
- regretful + that절 (유감스러워하는)
- positive + that절 (확신하는)
- suspicious + that절 (그럴 것이라고 의심하는)
- glad + that절 (반가워하는)
- thankful + that절 (고마와 하는)
- certain + that절 (확신하는)
- sorry + that절 (유감스러워하는)
- aware + that절 (인식하는)
- unconscious + that절 (알지 못하는)
- hopeful + that절 (희망하는)
- confident + that절 (확신하는)
- doubtful + that절 (아니라고 생각하는)
- proud + that절 (자랑스러워하는)
- grateful + that절 (감사히 여기는)

(1) The only man confident that they are alive is the detective.
그들이 살아있다고 확신하는 유일한 사람은 그 형사이다.

(2) I am glad that you've come.
와 주어서 반갑다.

(3) He is suspicious that there must be an ambush ahead.
그는 앞에 분명히 매복이 있을 것이라고 의심하고 있다.

칼분석 100지문

Yesterday, I went to a bookstore to buy a book about computers. I
　　　　　S　V　　　　　　　to부정사 목적적 용법 = ~하기 위하여　S₁

asked a clerk [where they had books about computers.] She said
 V₁　　IO₁　명사절 D·O₁ S₂　V₂　O₂　　　　　　　　　　S₁　V₁

[that they were on the second floor.] I was surprised [that there were
 O₁　S₂　V₂　　　　　　　　　　　　S₁ V₁　　C₂　　O₁ 유도부사　V₂
 명사절　　　　　　　　　　　　　　　　　　　　　　　　　명사절　there be + S

a large number of books.] It took me a long time to find one (that was for
　　　　S₂　　　　　　　가S₁ V IO₁　　D·O₁　　　진S₁　S₂　V₂
　　　　　　　　　　　　　　　　　　　　　　　　　　　　　관대주격

beginners like me.)

해석
어제, 나는 컴퓨터에 관한 책을 사기 위해 서점에 갔다. 나는 종업원에게 컴퓨터에 관한 책들이 어디에 있는지를 물었다. 그 점원은 책이 2층에 있다고 말해주었다. 나는 수 많은 책들이 있었기 때문에 매우 놀랐다. 나는 나와 같은 초보자용 책을 한권 찾는데 많은 시간이 걸렸다.

정답
(2) where did they have → where they had
해설
명사절은 접속사 + 주어 + 술어 어순

028 문맥이나 어법상 어색한 것을 찾아라

Former U.S. President Jimmy Carter, (1) who promotes Habitat for Humanity, has toured various countries (2) since 1994. In the summer of 2001, he (3) has visited Asan, Korea, to participate in a house building project. ❶ It was part of Habitat for Humanity International's campaign (4) to build houses for homeless people. He worked along with volunteers for the program, ❷ which is (5) named after him - the Jimmy Carter Work Project 2001.

점검하기

❶ it 가주어, to이하 진주어
(1) It is nice to have what you want when you want it, but the ability to delay satisfaction is important.
원하는 것을 원할 때 갖는 것은 좋은 일이지만, 만족을 지연하는 능력은 중요하다.
(2) It was, therefore, important for the viewer to create a distance from the actions on the stage so as to facilitate interpretation of the content.
그리하여 그 내용에 대한 이해를 쉽게 하기 위해 관객이 무대 위의 연기로부터 거리를 형성하는 것이 중요했다.
(3) It is not easy to show moral courage in the face of either indifference or opposition.
무관심이나 반대에 직면하여 도덕적 용기를 보여주기는 쉽지 않다.

❷ 명사(구, 절), which V : (계속적 용법의 관계 대명사) 그리고, 그런데, 그러나 ~하다
(1) Like its largemouth cousin, the smallmouth bass is a native of the Mississippi drainage, which makes it a true heartland fish.
그것의 사촌격인 큰입배스처럼 작은입배스는 미시시피 강 유역이 원산지인데, 그 유역은 그 물고기를 진정한 중심지역 물고기로 만든다.
(2) In lakes, smallmouth often school up, which means that if you catch one, you can catch a bunch. (관계사가 앞에 있는 내용 전체를 받는다)
호수에서는 작은입배스가 수면가까이에 떼 지어 몰려드는데, 그것은 한 마리를 잡으면 한 무리를 잡을 수 있다는 것을 의미한다. (앞줄 전체가 선행사)
(3) The doll had rings on her fingers and held a tiny key, which unlocked the box.
그 인형은 손가락에 반지를 끼고 있었고 작은 열쇠를 쥐고 있었는데, 그것은 그 상자의 자물쇠를 열어 주었다.

칼분석 100지문

Former U.S. President Jimmy Carter, (who promotes Habitat for Humanity,) has toured various countries since 1994. In the summer of 2001, he visited Asan, Korea, to participate in a house building project. It was part of Habitat for Humanity International's campaign to build houses for homeless people. He worked along with volunteers for the program, (which is named after him - the Jimmy Carter Work Project 2001.)

해석
Habitat for Humanity를 부흥시킨 전 미국 대통령 지미카터는 1994년이래로 여러 나라들을 방문했다. 2001년 여름, 그는 주택 건설 프로젝트에 참여하기 위해 한국의 아산시(市)를 방문했다. 그것은 집 없는 사람들에게 집을 지어주는 Habitat for Humanity International's 의 활동의 일부였다. 그는 그의 이름을 딴 the Jimmy Carter Work Project 2001이라는 프로그램을 위해 봉사자들과 함께 일을 했다.

정답
(3) has visited → visited

해설
in the summer of 2001은 과거 시점을 의미하므로 현재완료 시제를 사용할 수 없다.

029 (A), (B), (C)의 각 네모 안에서 어법에 맞는 표현을 골라 짝 지은 것은?

Man's great challenge at this moment is to prevent his exodus from this planet. If he wants to survive - which he can do only if all other forms of life around him survive as well - he simply has to ❶ see (A) [himself / him / them] as no more important than his fellow creatures. ❷ Since man has a higher intelligence than (B) [most / mostly / at most] animals, he is responsible for insuring their survival and thus (C) [maintaining / to maintain / maintained] life on our planet.

	(A)	(B)	(C)		(A)	(B)	(C)
(1)	himself	most	maintaining	(2)	him	mostly	maintaining
(3)	them	at most	to maintain	(4)	himself	most	maintained
(5)	him	mostly	to maintain				

점검하기

❶ see A as B / view A as B / think of A as B : A를 B로 여기다

(1) A tight violin string can be viewed as composed of many individual pieces that are connected in a chain as in the above two figures.
팽팽한 바이올린 줄은 위의 두 그림에서처럼 연쇄적으로 연결되어 있는 많은 개별적인 부분들로 구성되어 있는 것으로 볼 수 있다.

(2) You see the world as one big contest, where everyone is competing against everybody else.
당신은 세상을 모든 사람이 다른 모든 사람과 경쟁하는 하나의 큰 경기로 여긴다.

❷ Since S + V, S + V : ~의 이유로, ~때문에

(1) Since people generally like what they are good at, I propose that our children focus on areas in which they excel.
일반적으로 사람들은 자신에게 능숙한 일을 좋아하기 때문에 나는 아이들에게 그들이 뛰어난 분야에 집중하라고 말한다.

(2) Unlike the modern society, the primitive society has less specialized knowledge to transmit, and since its way of life is enacted before the eyes of all, it has no need to create a separate institution of education such as the school.
현대 사회와는 달리, 원시 사회는 전달할 전문 지식을 더 적게 가지고 있고 생활방식이 모든 사람들의 눈앞에서 이루어지기 때문에, 학교와 같은 분리된 교육기관을 만들 필요가 없다.

Man's great challenge at this moment **is to prevent his exodus from this**
S · V · C
be to = ~하는 것이다

planet. If he wants to survive – which he can do only if all other forms of
부사절 S₁ V₁ O₁ O₂ S₂ V₂ 부사절 S₃
접속사 접속사

life around him survive as well – he simply has to see himself
V₃ S₄ V₄ O₄ (A)
have to = must

as (no more) important (than) his fellow creatures. Since man
B O₅ 접속사 S₁
See A as B = A를 B로 간주하다 (himself와 비교 됨) ~때문에

has a (higher) intelligence (than) most animals, he
V₁ O₁ S₂ (man과 비교 됨) S₃

is responsible for (insuring their survival) (and thus) (maintaining)
V₃ C₃
be responsible for = ~에 대해 책임지다

(life on our planet).

해석
현재 인간의 최대 난제는 이 행성(지구)으로부터의 그(인간)의 대 탈출을 막는 것이다. 인간이 살아남기를 원한다면-오직 인간 주변의 모든 형태의 생명 역시 살아남을 때 비로소 인간이 할 수 있는 것(살아남을 수 있음) -인간은 자신들이 주변의 생물보다 더 중요한 존재는 아니라는 것(생물들도 인간만큼 소중하다는 것)을 알아야한다. 인간이 대부분의 동물들에 비해 높은 지능을 가졌기 때문에, 인간에게는 동물의 생존을 보장해줄 책임이 있고 또한 지구 상의 생명체를 지킬 의무가 있는 것이다.

정답
① 번 – (A) himself   (B) most   (C) maintaining

해설
(B) mostly = 주로   (C) 전치사 for의 목적어이므로 동명사 형태가 온다

비상구 100지문

030 다음 글의 흐름을 참고하여 줄 친 부분을 고칠 필요가 있다면?

If it took man but 6,000 years to progress ❶ <u>from the first crude writing to the development of atomic energy</u>, think what he might be able to accomplish in the next 6,000 years of progress! It is almost impossible for us to imagine. How difficult <u>it would be</u> ❷ <u>for the ancient Egyptian</u> to look ahead to electric lights, radios, jet aircraft, or atomic energy!

(1) 고칠 필요 없음
(2) it was for the ancient Egyptian
(3) they were for the ancient Egyptian
(4) it would have been for the ancient Egyptian
(5) they would have been for the ancient Egyptian

점검하기

❶ from A to B : A에서 B까지

(1) Upon entering a record store, one encounters a wide variety of genres from easy listening to jazz and classical music.
음반 가게에 들어서자마자, 사람들은 쉽게 들을 수 있는 음악에서 재즈와 고전음악까지 다양한 장르를 만나게 된다.

(2) Others wish to move capital from one area to another.
다른이들은 한 지역에서 다른 지역으로 자본을 옮기고 싶어한다.

❷ for 명사 to V.R : (to 부정사의 의미상의 주어) ~가 ~하는 것(~하는 / 하기 위하여)

(1) It was, therefore, important for the viewer to create a distance from the actions on the stage.
그리하여 관객이 무대 위의 연기로부터 거리를 형성하는 것이 중요했다.

(2) In other words, they make it difficult for others to tell them the truth because they respond rudely or emotionally to people who tell the truth.
다른 말로 하면, 그들은 다른 사람들이 그들에게 진실을 말하면 무례하게 반응하거나 지나치게 감정적으로 대응하기 때문에 진실을 말하기 어렵게 한다.

(3) It's time for us all to reconsider the seriousness of the problem and to do something about it.
이제 우리 모두 문제의 심각성을 다시 생각해 보고 이 문제에 대해 무언가 해야 할 때이다.

칼분석 100지문

If it took man but 6,000 years to progress from the first crude writing to the development of atomic energy, think [what he might be able to accomplish in the next 6,000 years of progress!] It is almost impossible for us to imagine. How difficult it would have been for the ancient Egyptian to look ahead to electric lights, radios, jet aircraft, or atomic energy!

해석
만약 최초의 조잡한 글쓰기에서 원자력의 개발까지 진보하는데 6000년 밖에 걸리지 않았다면 다음 6천년의 진보는 무엇을 이룩해 낼 것인지를 상상해 보아라. 상상하기가 불가능할 것이다. 고대 이집트인들이 전기와 라디오, 제트비행기, 원자력등을 예측한다는 것이 얼마나 어려웠겠는가!

정답
(4) it would have been for the ancient Egyptian

해설
이집트 인들이 미래를 예측한다는 것은 과거사실의 반대가정이므로 주절의 술어는 would have pp를 사용

비상구 100지문

031 (A), (B), (C)의 각 네모 안에서 어법에 맞는 표현을 골라 짝 지은 것은?

Small cars are ❶ a means of (A) [conserving / conservation] energy because they use less gas than big cars. ❷ They are also more economical to operate and maintain, and they (B) [pay / cost] less. Because of these advantages, the demand for small cars remains (C) [high / highly].

	(A)	(B)	(C)		(A)	(B)	(C)
(1)	conserving	pay	high	(2)	conserving	cost	highly
(3)	conservation	pay	highly	(4)	conservation	cost	highly
(5)	conserving	cost	high				

점검하기

❶ means : 단·복수가 같은 특이한 단어.
① 수단, 방법 (단·복수 동일)
② 자금, 돈, 자산 (복수 취급)

(1) Television is an effective means of communication.
   텔레비전은 소통의 한 효과적 수단이다. (means 단수)

(2) Try to live in your means.
   수입에 맞는 생활을 해라. (means 복수)

❷ 가주, 진주에서의 문장 전환 : S는 to V.R 하기에 ~하다

(1) It is pleasant to pat the dog = The dog is pleasant to pat.
   개를 쓰다듬는 다는 것은 즐겁다. = 개는 쓰다듬기에 즐겁다.

(2) It is exciting to talk with him = He is exciting to talk with.
   그와 대화하는 것은 짜릿하다. = 그는 함께 대화하기에 짜릿하다.

(3) It is hard to master English = English is hard to master.
   영어를 정복 하는 것은 어렵다. = 영어는 정복하기가 어렵다.

(2) It is impossible to persuade him = He is impossible to persuade.
   그를 설득 하는 것은 불가능 하다. = 그는 설득하기에 불가능 하다.

칼분석 100지문

Small cars are a means of conserving energy
    S₁   V₁   C₁   Vt₂   O₂
                          전치사의 목적어

because they use (less) gas (than) big cars. They are also more ecnomical
접속사 S₃ V₃   O₃   S₄   S₁ V₁   C₁

[to operate and maintain,] (and) they cost less. Because of these
진주어 가주어 구문에서의 문장전환 절의 병렬 S₂ V₂ O₂   전치사의 목적어
→ It is also more economical to operate and maintain them
                       전환

advantages, the demand for small cars remains high.
                   S   V   C

해석
소형차들은 대형차에 비해 적은 연료를 사용하기 때문에 에너지 절약의 한 수단이다. 그것들은 작동시키거나 유지하는 데에도 보다 경제적이며, 더 적은 비용을 지불케 한다. 이러한 이점 때문에 소형차에 대한 수요는 높은 상태를 유지하고 있다.

정답
⑤ 번 – (A) conserving   (B) cost   (C) high

해설
(A) 뒤에 energy가 목적어이므로 타동사의 동명사
(B) 비용을 들게하는 동사는 cost
(C) remain의 보어가 필요하므로 형용사 high

032 문맥이나 어법상 어색한 것을 찾아라

Praise is a kind of (1) <u>offering a gift</u>. Praise is (2) <u>pleasing</u> because almost all men and women have some sort of inferiority complex. ❶ <u>The loveliest woman</u> has doubts (3) <u>as to</u> her intelligence. (4) <u>The cleverest</u> distrusts her physical charms. ❷ It is delightful to reveal the many lovable qualities of a person who is unaware of (5) <u>possessing it</u>.

점검하기

❶ the + est : 최상급

(1) This, in the simplest definition, is a promise enforceable by law.
가장 단순한 정의로 이것은 법에 의해 집행할 수 있는 약속이다.

(2) The central problem is that the voters in low-performing groups were trying to build social cohesion rather than to produce the highest returns.
중심적인 문제는 낮은 성취를 이룬 집단들의 투표자들은 가장 높은 수익을 만들어내기보다는 사교적인 응집성을 구축하려고 했다는 것이다.

❷ it + V... + to V.R : (가주어 진주어 용법) to V.R 하는 것은 V하다

(1) It is nice to have what you want when you want it, but the ability to delay satisfaction is important.
원하는 것을 원할 때 갖는 것은 좋은 일이지만, 만족을 지연하는 능력은 중요하다.

(2) That is, if you can convince yourself that the first draft isn't your best writing and can be made more effective with additional thought and some revision, then it will be easier to get started.
다시 말해, 초고는 당신이 가장 잘 쓴 글이 아니며 생각을 첨가하고 약간의 수정을 하면 더 효과적으로 만들 수 있다고 자신에게 납득시킬 수 있다면, 시작하기가 더 쉬워질 것이다.

(3) Even so, I don't think it is wise to eat fruit without peeling it. (가 목적어, 진 목적어)
나는 껍질을 벗기지 않고 과일을 먹는 것이 현명하다고 생각하지는 않는다.

(4) But in a place so remote it was extremely difficult to be a 'friend to man.'
그러나 너무 외진 곳이어서 '사람들에게 친구가' 되기에는 정말로 어려웠다.

(5) All these things considered, it might be better to ask for the services of a moving company.
이러한 모든 것들을 고려해 본다면, 이삿짐 회사에 부탁하는 것이 더 좋을 지도 모른다.

(6) It is so easy to include hidden assumptions that you do not see but that are obvious to others.
숨어있는 가정을 포함하고 있기가 너무 쉬워서 다른 사람들에게는 명백한 것을 보지 못하기도 한다.

칼분석 100지문

Praise is a kind of offering a gift. Praise is pleasing because almost
all men and women have some sort of inferiority complex. The loveliest woman has doubts as to her intelligence. The cleverest distrusts her physical charms. It is delightful to reveal the many lovable qualities of a person (who is unaware of possessing them.)

해석
칭찬은 선물 제공의 한 종류이다. 거의 모든 남자와 여자들이 여러 종류의 열등감을 가지고 있기 때문에, 칭찬은 기분 좋은 것이다. 예쁜 여성이라도 그녀의 지적 능력에 의심을 갖는다. 똑똑한 사람은 자신의 신체적 아름다움에 대해 불신한다. 어떤 사람의 사랑받을만한 특성들을 드러내어 주는 것은, (자신스스로) 그것들을 가지고 있다는 것을 알지 못하는 사람에게는 기쁜 일이다.

정답
(5) possessing it. → possessing them.

해설
복수 qualities를 받았으므로 them

비상구 100지문

033 (A), (B), (C)의 각 네모 안에서 어법에 맞는 표현을 골라 짝 지은 것은?

Yesterday I was returning to the parking lot after buying groceries. In the car next to mine (A) ❶ [was / were] two boys. They (B) [had left / had been left] completely alone in the car. They kept getting in and out of the car and could have been hit by another car. Moreover, any bad person could have come by and taken them away without any difficulty. Please remember that ❷ no matter how difficult it is to shop with young children, you should never leave them in a car (C) [unattending / unattended].

	(A)	(B)	(C)		(A)	(B)	(C)
(1)	was	had left	unattending	(2)	was	had been left	unattended
(3)	were	had left	unattending	(4)	were	had been left	unattended
(5)	were	had been left	unattending				

점검하기

❶ 장소의 부사나 부사구(전치사 + 짝)가 문두에 올 때 "V + S" 어순 (1형식에서)

(1) After the snowstorm came thick fog, and in that fog, Fredrick's men soon lost their way on an ice river with hundreds of big holes in it.
눈보라가 지나간 후에 짙은 안개가 찾아왔고, 그 안개 속에서 Fredrick의 대원은 곧 수백 개의 커다란 구멍이 있는 얼어붙은 강 위에서 길을 잃었다.

(2) In the center of the room, sitting at a table, was the strangest lady I had ever seen.
방의 가운데에는 내가 지금껏 본 사람 중 가장 이상해 보이는 부인이 테이블에 앉아 있었다.

❷ no matter how + 형, 부 : 아무리 ~일지라도 / no matter where: 어디서 ~일지라도

(1) No matter how many times I have drawn it, the perspective does not look right.
아무리 많이 그것을 그렸지만, 원근법이 올바르지 않아 보였다.

(2) This would give us the chance to find information quickly and communicate with others no matter where we are or what we are doing.
이러한 것은 우리가 어디에 있든, 무엇을 하고 있든 간에 정보를 빨리 찾고 다른 사람과 의사소통할 수 있는 기회를 제공해 줄 것이다.

칼분석 100지문

Yesterday I was returning to the parking lot after buying groceries. In the car next to mine were two boys. They had been left completely alone in the car. They kept getting in and out of the car and could have been hit by another car. Moreover, any bad person could have come by and taken them away without any difficulty. Please remember [that no matter how difficult it is to shop with young children,] you should never leave them in a car unattended.

해석
나는 어제 식료품을 산 후 주차장으로 되돌아왔다. 내 차 옆에 있던 자동차 안에 두 남자아이가 타고 있었다. 그들은 차 안에 완전히 홀로 남겨져 있었다. 그들은 계속해서 차에 타고 내리기를 반복했고, 다른 차에 치일 수도 있었다. 게다가, 어떤 나쁜 사람이 다가 와서, 그들을 아무런 어려움 없이 데려갈 수도 있었다. 아무리 아이들은 데리고 쇼핑하는 것이 힘든 일이라 할지라도, 아이들을 차 속에 보살핌을 받지 못하는 채로 내버려 두어서는 안 된다는 것을 기억해주기를 바란다.

정답
④ 번 – (A) were   (B) had been left   (C) unattended

해설
(A) two boys가 주어이므로 복수동사
(B) '남겨진' 상태였으므로 수동태
(C) '돌보아지지 않은'이라는 수동의 의미이므로 pp분사

비상구 100지문

034 문맥이나 어법상 어색한 것을 찾아라

Dentists say avoiding sweets (1) <u>help</u> to avoid decay. Now other health experts (2) <u>are warning</u> us about eating too many sweets. They say sweet foods are causing tooth decay plus many other problems. Some studies (3) <u>have indicated</u> a diet high in sugar affects ❶ <u>the way some children act</u>. It (4) ❷ <u>causes them to become</u> very active and restless. They (5) ❸ <u>find it difficult to concentrate</u> on their school work. This leads to difficulty in learning.

점검하기

❶ how 생략된 관계부사절 (선행명사가 way일 경우 how 없이 관계 부사절을 만든다)

(1) The specific combinations of foods in a cuisine and the ways they are prepared constitute a deep reservoir of accumulated wisdom about diet and health and place.
요리법에서 음식을 특수하게 조합하는 것들과 음식이 준비되는 방법들은 식단과 건강과 장소에 축적된 지혜의 심오한 저장소를 구성한다.

(2) The way I see it, we have only two realistic choices.
내가 그것을 바라보는 방식에서 보아, 우리는 두 가지 현실적인 선택만을 가지고 있다.

❷ cause O to V.R : O가 ~하도록 야기시키다 (5형식)

(1) Many creatures use phosphorescence at night, and as you move through the water, you will cause plankton to release tiny pulses of light, leaving beautiful glowing wakes trailing behind you.
많은 생물들은 야광을 사용한다. 그리고 당신이 물을 통해 이동할 때, 플랑크톤이 조그만 빛의 진동을 가져오게 할 것이며, 당신의 뒤를 따르는 아름다운 빛나는 흔적들을 남기게 될 것이다.

(2) The hope is that the introduction of the new, bigger ball will cause first-class games to be dominated again by play involving (c)skill and artistry remindful of players like Bjorn Borg, Jimmy Connors and John McEnroe.
앞으로 기대하는 일은 보다 커진 새로운 공을 도입하여 Bjorn Borg, Jimmy Connors, John McEnroe와 같은 선수들을 연상케 하는 기술과 예술성을 수반하는 경기가 다시 일류 게임을 지배하게 하는 것이다.

❸ find / consider / believe / think / make + it(가목적어) + 목적보어 + to V.R(진목적어)

(1) Some people find it helpful to work gently at driving themselves back into the world.
일부 사람들은 서서히 세상 속으로 자기 자신을 몰고 가는 일을 하는 것이 도움이 된다는 것을 발견한다.

(2) In other words, they make it difficult for others to tell them the truth because they respond rudely or emotionally to people who tell the truth.
다른 말로 하면, 그들은 다른 사람들이 그들에게 진실을 말하면 무례하게 반응하거나 지나치게 감정적으로 대응하기 때문에 진실을 말하기 어렵게 한다.

칼분석 100지문

Dentists say [avoiding sweets helps to avoid decay.] Now other health experts are warning us about eating too many sweets. They say [that sweet foods are causing tooth decay plus many other problems.] Some studies have indicated [a diet (high in sugar) affects the way (some children act).] It causes them to become very active and restless. They find it difficult to concentrate on their school work. This leads to difficulty in learning.

find it(가목적어) O·C to V.R(진목적어)
대표적인 가목적어 진목적어 구문이다.

해석
치과 의사들은 단 것을 피하는 것이 썩는 것을 막는 데에 도움을 준다고 말한다. 요즘 여러 다른 건강 전문가들은 단 것을 너무 많이 먹는 것에 대해 우리에게 경고하고 있다. 그들(전문가)은 단 음식들이 충치의 원인이 되고 있으며, 많은 다른 문제들을 일으킨다고 말한다. 여러 연구는, 당분이 많은 식단이, 일부 아이들이 행동을 하는 방식에 영향을 준다고 알려주고 있다. 그것은 아이들로 하여금 매우 활동적이고 침착하지 못하게 만든다. 아이들은 학업에 집중하는 것이 어렵다고 느끼게 된다. 이것은 배움에 있어서 어려움을 초래한다.

정답
(1) help → helps

해설
avoiding sweets가 동명사 주어이므로 단수 술어 동사 사용

비상구 100지문

035 빈칸에 각각 알맞은 말은?

Like everyone else, I don't like to go to a doctor or a dentist. One day, I felt ❶ such a horrible pain that I couldn't help (A) an appointment to see the dentist. I couldn't even speak a word. He said that I had to ❷ have the wisdom tooth taken out. Before I took the operation, I was very scared and worried about the pain. On the contrary, the pain ❸ I felt during the operation was much less than the pain I (B) before I visited the dentist. I got better soon. Now I think it was so silly of me to have a useless worry. And I will say to anybody who has a toothache, see the dentist right away.

	(A)	(B)		(A)	(B)
(1)	making	have felt	(2)	making	had felt
(3)	make	have been felt	(4)	make	had been felt
(5)	to make	having been felt			

점검하기

❶ Such + a(an) + 형용사 + 명사 + that절 (정도의 부사절) : 매우 ~해서 ~할 정도이다. = so + 형용사, 부사 + that S₂ + V₂

(1) Richard Dawkins and John Krebs argued that although in some circumstances it might be appropriate to describe animal signals as transferring information, in many other, perhaps most, cases there would be such a conflict of interest between signaller and receiver that it is more accurate to describe the signaller as attempting to 'manipulate' the receiver rather than just inform it.
  어떤 상황에서는 동물의 신호들을 정보 전달로 설명하는 것이 적합할지 모르지만, 다른 많은 경우, 아마도 대부분의 경우에는 신호를 보내는 동물과 신호를 받는 동물 사이의 이해가 너무도 상반 되어서, 단순히 신호를 받는 동물에게 정보를 전달하기 보다는, 신호를 보내는 동물이 신호를 받는 동물을 조종하려고 하는 것으로 설명하는 것이 보다 정확하다고 Richard Dawkins와 John Krebs는 주장한다.

(2) I get up so early that I deliver morning newspapers on time.
  나는 너무 일찍 일어나서, 아침 신문을 제 시간에 돌릴 수 있을 정도이다.

❷ have + A + pp : (사역동사) A가 ~되도록 만들다.

(1) Get the negative of an old photograph that shows a front view of your face and have it developed into a pair of pictures — one that shows you as you actually look and one that shows a reverse image so that the right and left sides of your face are interchanged.
  당신의 얼굴을 정면으로 보여주는 옛날 사진의 원판을 가지고 두 개의 사진—실제 모습을 그대로 보여주는 사진과 얼굴의 좌우가 서로 바뀐 반대된 이미지를 보여주는 사진—으로 현상하라.

(2) There is often no more effective way to help people understand the message than to have it modeled for them by the manager.
  종종 매니저가 사람들을 위해서 메시지를 모범으로 보여주는 것보다 사람들에게 그것을 더 효과적으로 이해시키는 방법은 없다.

❸ 목적격 관계대명사가 생략된 관계사절 : ~하는 명사

(1) I still remember the awesome feeling I had on that day in May when my little feet carried me up the stairs into the grandstands at the car racing stadium.
  나는 나의 작은 발이 나를 자동차 대회 경기장에 있는 특별관람석으로 이르는 계단으로 이끌었던 5월의 그 날 내가 느꼈던 최고의 감정을 여전히 기억한다.

(2) All we know is that something bigger is calling us to change.
  우리가 알고 있는 모든 것은 보다 큰 무언가가 우리에게 변화를 요구하고 있다는 사실이다.

칼분석 100지문

Like everyone else, I don't like to go to a doctor or a dentist. One day, I felt such a horrible pain that I couldn't help making an appointment to see the dentist. I couldn't even speak a word. He said that I had to have the wisdom tooth taken out. Before I took the operation, I was very scared and worried about the pain. On the contrary, the pain (I felt during the operation) was much less than the pain (I had felt before I visited the dentist.) I got better soon. Now I think it was so silly of me to have a useless worry. And I will say to anybody who has a toothache, see the dentist right away.

해석
다른 모든 사람들처럼 나는 의사나 치과의사에게 진료 받기가 싫다. 난 심한 통증을 느껴서 치과의사의 예약을 하지 않을 수가 없었다. 심지어 말 한마디도 못했다. 그는 내 사랑니를 뽑아야 한다고 말했다. 수술에 들어가기 전에 나는 고통스러울까봐 겁이 나고 걱정이 되었다. 이와 반대로 수술중에 느꼈던 고통은 치과를 찾아가기 전에 느꼈던 통증보다 훨씬 덜 했다. 나는 곧 회복되었다. 이제와서 생각해보니 내가 바보같이 쓸데없는 걱정을 한 것 같다. 그래서 치통이 있는 사람들에게 말해주고 싶은 것은 즉시 치과의사를 찾아가라는 것이다.

정답
② 번 – (A) making   (B) had felt

해설
(A) cannot helping : ~하는 것을 피할 수 없다   (B) visited 시제보다 앞서야 한다

036   문맥이나 어법상 어색한 것을 찾아라

The human body must have salt (1) <u>to function</u> properly. But most people eat 20 times more salt (2) <u>as they need or should have</u>. Where does all this salt come from? For one thing, food companies use excessive salt when they make canned, frozen, or (3) <u>smoked</u> foods. Also, out of habit, people ❶ tend to add even more salt to their foods. Actually, there is plentiful salt (4) <u>already contained</u> in most foods before they are cooked or processed. But our taste buds ❷ have been trained (5) <u>to long for extra salt</u>.

점검하기

❶ tend to V.R : ~하는 경향이 있다.

(1) Sheets of paper exist almost entirely for the purpose of carrying information, so we tend to think of them as neutral objects.
낱장의 종이들은 거의 전적으로 정보를 전달하는 목적으로 존재하기 때문에, 우리는 그 종이들을 중립적인 대상으로 생각하는 경향이 있다.

(2) Cities in Western Europe tend to be economically healthy compared with their suburbs.
서유럽의 도시들은 그것들의 교외 지역과 비교하여 경제적으로 튼튼한 경향이 있다.

❷ have been p.p : 현재완료 수동태 ~되어져 왔다, ~된 적이 있다, ~됐다

(1) Over the years various systems of grading coins have been developed by antique coin specialists.
수년간에 걸쳐 동전에 등급을 매기는 다양한 체계가 옛날 동전 전문가들에 의해 발달되어 왔다.

(2) The law about this considers such questions as whether this exists, what the meaning of this is, whether this has been broken, and what compensation is due to the injured party.
이것에 관한 법은 이것이 성립하는 지, 이것의 의미가 무엇인지, 이것이 위반 되었는지, 그리고 손해를 입은 당사자에게 무슨 배상이 치러져야 하는지와 같은 문제를 고려한다.

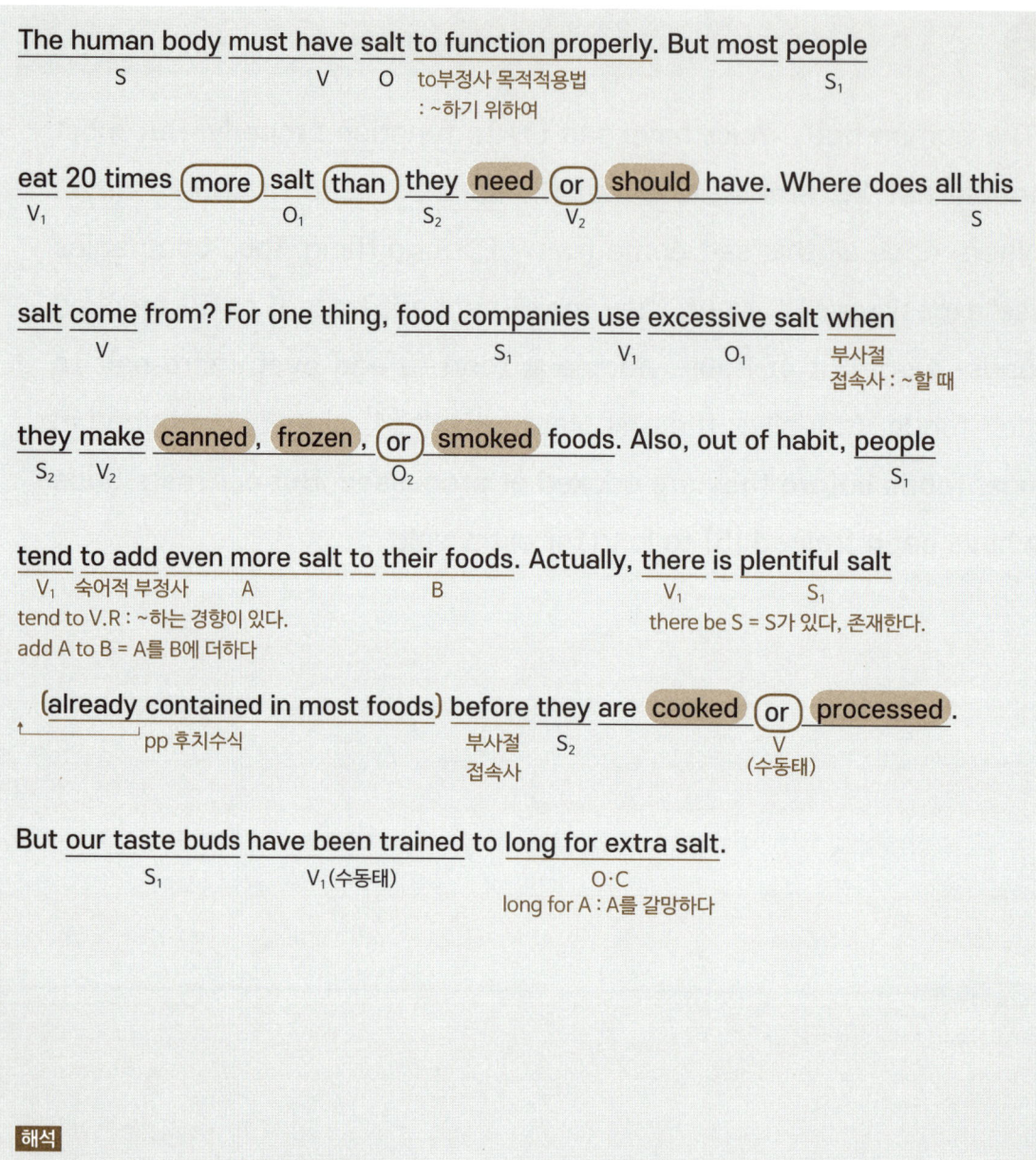

해석
인간의 몸은 적절하게 기능하기 위하여 염분을 섭취해야 한다. 그러나 대부분의 사람들은 그들이 필요로 하는, 또는 섭취해야하는 염분의 양보다 20배 이상을 섭취한다. 어디서 이 모든 염분이 나오는 걸까? 한 가지는, 식품 회사들이 통조림, 냉동식품, 또는 훈제된 음식을 만들 때, 과도한 소금을 사용한다. 또한, 습관적으로, 사람들은 그들의 음식에 더욱 많은 소금을 넣는 경향이 있다. 사실, 대부분의 음식 속에는, 그것들이 요리되거나 가공되어지기 전에, 이미 충분한 염분이 들어 가 있다. 그러나 우리의 미각세포는 더 많은 염분을 원하도록 훈련되어져 왔다.

정답
(2) as they need or should have. → than they need or should have.

해설
more는 than과 어울림

비상구 100지문

037 (A), (B), (C)의 각 네모 안에서 어법에 맞는 표현을 골라 짝 지은 것은?

　　We all travel different roads to our ultimate destinations. For some of us, the path is rockier than (A) [others / for others] . But no one reaches the end without facing some form of adversity. So rather than fight it, why not accept it as the way of life? Why not detach yourself from the outcomes and simply experience every circumstance that enters your life to the fullest? Feel the pain and savor the happiness. If you have never visited the valleys, the view from the mountaintop is not ❶ as breathtaking. ❷ Remember, there are no real failures in life, only results. There are no true tragedies, only lessons. And there really are no problems, only opportunities (B) [are waiting / waiting] to be recognized as solutions by the person (C) [of impatience / of wisdom].

	(A)	(B)	(C)
(1)	others	are waiting	of wisdom
(2)	others	waiting	of impatience
(3)	for others	waiting	of wisdom
(4)	for others	are waiting	of impatience
(5)	others	waiting	of wisdom

점검하기

❶ 원급 비교에서 두 번째 as 이하의 생략
(1) He is happy but I am not as happy.
　　그는 행복하다 그러나 나는 그 만큼은 행복하지 않다. ~ 뒤에 as he의 생략
(2) I like classical music but I don't like pop music as much.
　　나는 고전음악을 좋아한다 하지만 팝을 그 만큼 좋아하지는 않는다.

❷ 명령문: ~해라(동사원형으로 시작된다)
(1) Plan your budget in advance to give yourself time to research the costs fully.
　　비용을 충분히 연구할 시간을 자신에게 주기 위해 미리 예산을 짜라.
(2) Consider the following implication involving the role of social bonds and affection among group members.
　　집단 구성원들 사이의 사교적인 결속력과 애정의 역할에 관련된 다음의 암시를 고려해보라.

We all travel different roads to our ultimate destinations. For some of us, the path is rockier than for others. But no one reaches the end without facing some form of adversity. So rather than fight it, why not accept it as the way of life? Why not detach yourself from the outcomes and simply experience every circumstance that enters your life to the fullest? Feel the pain and savor the happiness. If you have never visited the valleys, the view from the mountaintop is not as breathtaking. Remember, there are no real failures in life, only results. There are no true tragedies, only lessons. And there really are no problems, only opportunities waiting to be recognized as solutions by the person of wisdom.

해석
우리 모두는 다른 길로 여행을 해서 우리의 궁극적인 목적지에 이른다. 우리들 중 일부에게는 그 길이 다른 사람들보다 더 울퉁불퉁하다. 그러나 어떤 형태의 역경에 직면하지 않고 끝에 도달하는 사람은 없다. 그러므로 그것과 싸우지 말고 그것을 삶의 방식으로 받아들이는 것이 어떨까? 우리들 자신을 결과와 분리시켜 우리들 삶에 들어오는 모든 상황을 마음껏 경험하는 것이 어떨까? 고통을 느끼고 행복을 만끽하라. 계곡을 결코 방문해 보지 않은 사람에게는 산 정상에서의 경치가 숨을 멈추게 할 정도로 아름답게 보이지는 않는다. 인생에는 결코 진정한 실패란 없고, 결과만 있다는 것을 기억하라. 진정한 비극은 없고, 교훈만 있다. 그리고 문제란 실제로 전혀 없으며, 지혜를 가진 사람에 의해 해답으로 인식되기를 기다리고 있는 기회만 존재한다.

정답
③ 번 – (A) for others   (B) waiting   (C) of wisdom

해설 (A) for some of us와 병렬   (B) 술어동사가 아니라 수식어

038 문맥이나 어법상 어색한 것을 찾아라

You're still young. ❶ The younger you are, (1) <u>the easy</u> it is to quit. It takes years to develop a real cigarette habit. So even if you think you're hooked, (2) <u>chances are you are not</u>. If you quit now, you will never be sorry. Your body will repair itself. (3) <u>Food will taste better</u>. Everything will smell better (including your hair and your clothes). And don't let anyone tell you stories about gaining weight. (4) <u>Haven't you ever seen a fat smoker?</u> If you have the willpower to quit smoking, you have the willpower (5) <u>not to overeat</u>.

점검하기

❶ the +비교급, the + 비교급 : ~할수록 ~하다

(1) The more contact a group has with another group, the more likely it is that objects or ideas will be exchanged.
어떤 집단이 다른 집단과 접촉을 더 많이 하면 할수록, 사물이나 사상이 교환될 가능성이 더 많다.

(2) And the longer you get stuck there, the harder it becomes to share the pain and sorrow.
그리고 그곳에 오랫동안 갇혀 있을수록 고통과 슬픔을 함께하는 것은 더 힘들어진다.

cf) 부정사의 부정 : 부정사의 내용을 부정할 때 'not'과 'never'의 위치는 부정사 앞에 온다.

· He decided not to go there.
나는 그 곳에 가지 않기로 결심했다.

· He did not decide to go there.
그는 그 곳에 갈 것을 결정하지 않았다.

칼분석 100지문

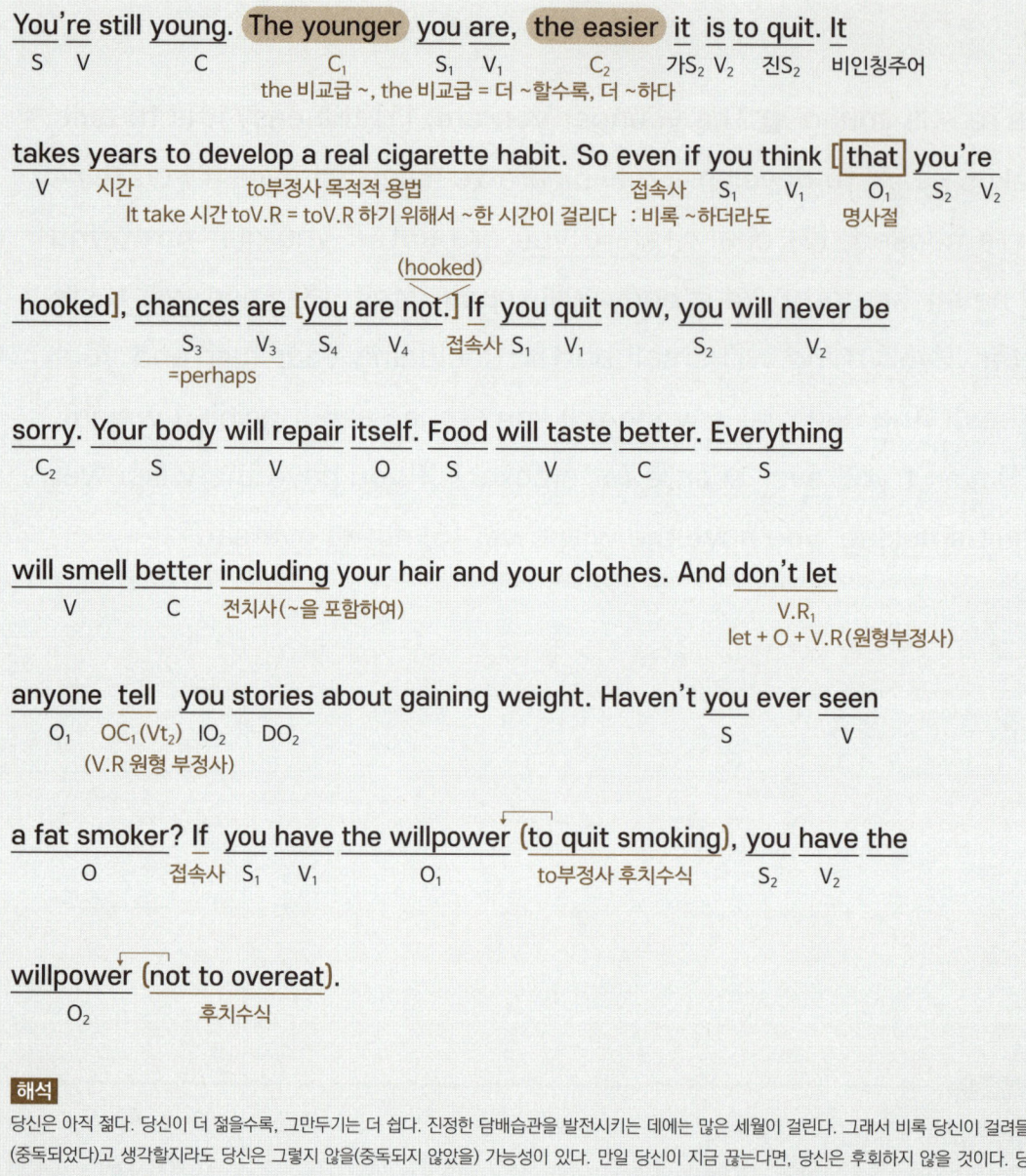

해석
당신은 아직 젊다. 당신이 더 젊을수록, 그만두기는 더 쉽다. 진정한 담배습관을 발전시키는 데에는 많은 세월이 걸린다. 그래서 비록 당신이 걸려들었다(중독되었다)고 생각할지라도 당신은 그렇지 않을(중독되지 않았을) 가능성이 있다. 만일 당신이 지금 끊는다면, 당신은 후회하지 않을 것이다. 당신의 몸은 스스로 고쳐나갈 것이다. 음식은 더 맛있어 질것이다. 모든 것이 더 좋은 냄새가 날 것이다. (당신의 머리카락과 옷을 포함하여) 그리고 누군가가 당신에게 살찌는 것에 대한 이야기를 하게 하지 마라. 뚱뚱한 흡연자를 본적이 없는가!(본적이 있지 않은가!) 당신이 담배를 끊을 의지가 있다면, 당신은 과식하지 않을 의지도 가지고 있는 것이다.

정답
(1) the easy it is to quit → the easier it is to quit

해설
it is easier to quit = the easier it is to quit

비상구 100지문

039 문맥이나 어법상 어색한 것을 찾아라

(1) <u>Some penguin colonies contain more than a million birds</u> - a large "city" full of penguins. Is it possible that penguins have a mean aspect in them? (2) <u>Early Antarctic explorers ❶ are used to tell a story</u> about penguins that went fishing. (3) <u>As the story goes,</u> a group of penguins would push one penguin into the water. (4) <u>It seemed that the reason for this strange behavior was to test the waters</u> for the penguin's enemy, the leopard seal. (5) <u>If the penguin came up to the surface,</u> the group ❷ seemed to think that the waters were safe for fishing. If not, the other penguins would just wait for another day to go fishing.

점검하기

❶ used to V.R : ~하곤 했다 (습관) / be used to V.R : ~하는데(하기 위하여) 이용 되어지다 / be used to 명 / (ing) : ~하는데 익숙해지다

(1) One 35-year-old woman who used to rub her eyes with her hands until they became sore and infected found it helpful to put on make-up when she was tempted to rub.
자신의 눈을 쓰라리고 종종 감염이 될 때까지 손으로 비비곤 했던 35세의 한 여성은 비비고 싶은 충동이 생길 때 화장을 하는 것이 도움이 된다는 것을 발견했다.

(2) Big words are resented by persons who don't understand them and, of course, very often they are used to confuse and impress rather than clarify.
과장된 말을 이해하지 못하는 사람들은 그 말에 대해 분개하며, 물론 그런 말들은 아주 종종 명료하게 하기 보다는 사람을 혼란스럽게 하고 그들의 관심을 끄는데 사용된다.

(3) In this modern world, people are not used to living with discomfort.
이 현대 세계에서, 사람들은 불편하게 사는 것에 익숙하지 않다.

❷ S + seem to V.R : ~하는 것처럼 보이다

(1) War seems to be part of the history of humanity.
전쟁은 인류 역사의 일부인 듯하다.

(2) Just a simple change of language seemed to invite the students to process and store information in a much more flexible format, and thus be able to look at it and make use of it in different ways.
단지 단순한 언어의 변화가 학생들을 훨씬 더 융통성 있는 체제로 정보를 처리하고 저장하도록, 따라서 다른 방식으로 그것을 보고 그것을 이용할 수 있게 안내하는 것 같았다.

(3) Face perception seems to work the same way.
안면(얼굴) 인식도 동일한 방식으로 이루어지는 듯하다.

칼분석 100지문

Some penguin colonies contain more than a million birds - a large
　　　　S　　　　　　　　V　　～보다 많은　　　　　　O

"city" full of penguins. Is it possible [that penguins have a mean aspect in
　　　형전짝 후치수식　　　 V₁ 가S₁ C₁　진S₁　　S₂　　V₂　　O₂
　　　　　　　　　　　　　　　　　　　진주어절

them?] Early Antarctic explorers used to tell a story about penguins
　　　　　　　　S₁　　　　　　　　V₁　　　O₁

(that went fishing.) As the story goes, a group of penguins would push
 ↳ S₂　V₂　　C₂　　　　　S₁　　V₁　　　　S₂　　　　　　V₂ ↓
　관대주격 go Ving = ing 하러 가다　　　　　　　　　　　　push A into B : A를 B로 밀어넣다
　　　　　　　　　　　　　　　　　　　　　　　　　　　　과거의 습관·습성을 나타내는 would

one penguin into the water. It seemed [that the reason for this strange
　　O(A)　　　　　　B　　　S₁　V₁　　C₁　　　S
　　　　　　　　　　　　　　　　　　　　명사절

behavior was to test the waters for the penguin's enemy, the leopard seal.
　　　　V₂　　C₂(Vt₃)　 O₃　　　　　　　　　　　　　　　　　동격, 부연설명
　　　　　　(be to V.R)

If the penguin came up to the surface, the group seemed to think [that the
접속사　S₁　　　V₁　　　　　　　　　　　S₂　　V₂　 C₂(Vt₃)　O₃
　　　　　　　　　　　　　　　　　　　　　　　　　　　　　명사절

waters were safe for fishing.] If not, the other penguins would just wait for
　S₄　　V₄　 C₄　　　　　　　　　　　S　　　　　　　V

another day to go fishing.
　　　↳
　to 부정사 후치수식

해석
어떤 펭귄 떼들은 백만이 넘는 개체들을 포함한다. -펭귄으로 가득 찬 큰 도시. 펭귄들이 자기들 내부(맘 속)에 못된 측면을 가진다는 것이 가능할까? 초기의 남극 탐험가들은 고기 잡으러 간 펭귄들에 관한 이야기를 하곤 했다. 그 이야기에 따르면, 펭귄 무리들은 한 펭귄을 물에 빠뜨리곤 했다. 이러한 이상한 행동의 이유는 펭귄의 적인 바다표범 때문에 바닷물을 테스트하기 위해서라고 보여 졌다. 만일 그 펭귄이 수면위로 올라오면, 그 펭귄무리들은 그 물이 물고기를 잡는데 안전하다고 생각하는 것처럼 보였다. 만일 그렇지 않다면, (펭귄이 올라오지 않으면)나머지 펭귄들은 고기를 잡기 위해 또 다른 날을 기다리곤 했다.

정답
(2) Early Antarctic explorers are used to tell a story → Early Antarctic explorers used to tell a story

040 문맥이나 어법상 어색한 것을 찾아라

Doris and Frank (1) <u>decided to take a trip</u> around the world. Of course, they were (2) ❶ <u>inexperienced travelers</u> and they had trouble accepting the customs of the people in the countries they visited. ❷ To make them feel more comfortable during their travels, some members of the tour group advised, " Do as the Romans do when you are in Rome". They suggested that (3) <u>Doris and Frank had made an effort</u> to follow the customs of the local inhabitants and (4) <u>should not expect the people</u> in a foreign country to behave as they would at home. Once they began to follow this advice, (5) <u>their trips became much enjoyable.</u>

점검하기

❶ pp + 명사 (과거분사 전치수식) : ~된, ~당한 명사. (과거분사가 단독으로 명사 앞에 사용 된 경우이다.)
(1) The specific combinations of foods in a cuisine and the ways they are prepared constitute a deep reservoir of accumulated wisdom about diet and health and place.
요리법에서 음식을 특수하게 조합하는 것들과 음식이 준비되는 방법들은 식단과 건강과 장소에 관한 축적된 지혜의 심오한 저장소를 구성한다.
(2) One of the most important shifts will be an increased recognition of patient individuality, a concept now largely ignored.
가장 중요한 변화 중의 하나는, 현재 매우 무시당하고 있는 개념인 환자의 개인적 특성에 대한 인식의 증가가 될 것이다.
(3) A genuinely educated person can express himself tersely and trimly.
진정으로 교육을 받은 사람이라면 간결하고 깔끔하게 자신을 표현할 수 있다.
(4) When that filter mistakenly screens out something essential, then even seasoned masters can make mistakes.
그 여과기가 실수로 필수적인 뭔가를 잘못 걸러낼 때, 노련한 대가들도 실수를 저지를 수 있다.

❷ 문장 앞에서 독립적으로 또는 toV.R의 일반적 해석법 : ~하기 위하여
(1) To be a mathematician you don't need an expensive laboratory.
수학자가 되기 위해 당신은 값비싼 실험실이 필요하지 않다.
(2) To make this point clear, he invited people to try a simple experiment.
이 점을 명확히 하기 위하여, 그는 사람들이 단순한 실험을 해 보도록 초대했다.

칼분석 100지문

Doris and Frank decided to take a trip around the world. Of course,
 S   V   O (to부정사 목적어)
         decide to V.R : ~할 것을 결정하다.

they were inexperienced travelers (and) they had trouble accepting the
 S₁   V₁   pp전치수식   C₁   절의병렬 S₂   V₂   O₂   Vt₃
                                                      have trouble (in) ~ing

customs of the people in the countries (which they visited.) To make them feel
         O3   O₄   S₄   V₄   Vt₁   O₁   O·C₁(Vt₂)
                                             관대목적격   to부정사 목적적용법 make + O + V.R
                                                                : ~하기 위하여

more comfortable during their travels, some members of the tour group
      C₂   S₃

advised, "Do as the Romans do when you are in Rome". They suggested
  V₃   V.R₄ ~처럼   S₅   V₅ 접속사 S₆   V₆   S₁   V₁

[that] Doris and Frank should make an effort to follow the customs of the
 O₁   S₂   V₁   O₂   to부정사   O₃
명사절   후치수식 (Vt₃)

local inhabitants (and) should not expect the people (in a foreign country)
                         V₄   O₄   expect + O + toV.R

to behave as they would at home. Once they began to follow this advice,
 O·C₄ ~하듯이 S₅ V₅   접속사 S₁   V₁   O₁ (to부정사)
(to부정사)

their trips became much enjoyable.
  S₂   V₂   C₂

해석
Doris 와 Frank 는 세계 여행을 하기로 결심했다. 물론, 그들은 경험 없는 여행자들이었고, 그들은 그들이 방문한 나라 사람들의 관습을 받아들이는 데에 어려움을 겪었다. 그들로 하여금 여행 중에 더욱 편안함을 느끼게 하기 위하여, 그룹 여행의 다른 멤버들이 조언을 했다. "당신이 로마에 있다면 로마인들이 하는 대로 하세요" 그들은 Doris 와 Frank 가 그 지방 거주자들의 관습을 따라야 하며 외국에 있는 사람들이, 그들이 집에서 하던 것처럼 행동할 것을 기대해서는 안 된다고 제안했다. 일단 그들이 이 조언에 따르기 시작하자, 그들의 여행은 훨씬 즐거워 졌다.

정답
(3) Doris and Frank had made an effort → Doris and Frank should make an effort

해설
suggest 동사의 의미와 일치

비상구 100지문

041   문맥이나 어법상 어색한 것을 찾아라

A dietitian was once ❶ addressing a large audience in Chicago. "The material we (1) are put into our stomachs is enough to have killed most of us (2) sitting here, years ago. Red meat is awful. Soft drinks erode your stomach lining. Chinese food is loaded with MSG. Vegetables can be disastrous, and none of us (3) realizes the long-term harm (4) caused by the germs in our drinking water. But there is one thing that is the most dangerous of all and we all have eaten, or will eat it. Can anyone here tell me (5) ❷ what food it is that causes the most grief and suffering for years after eating it?" A 75-year-old man in the front row stood up and said, "Wedding cake?"

점검하기

❶ address + 명사 : 연설하다, 말 걸다, 주소적다, 적극적으로 대처하다

(1) He stood up to address an assembly. 그는 일동에게 연설하기 위해 일어섰다.	(2) A man with a sad look on his face addressed me in the train. 슬픈 표정을 한 남자가 기차 안에서 나에게 말을 걸었다.
(3) I addressed a letter to my grandfather. 나는 나의 할아버지에게 편지의 주소를 적었다.	(4) He addressed the matter immediately. 그는 즉각 그 문제에 대처했다.

·address + A as B : A를 B로 칭하다

(5) You are to address him as 'General.' 당신은 그를 장군으로 불러야 한다.	(6) We address the king as your Majesty. 우리는 왕을 '폐하'라고 부른다.

·address A to B : B에게 A를 전하다, 제출하다

(7) He addressed a warning to his friend. 그는 친구에게 경고를 보냈다.

❷ 관계 형용사 what + 명사 : 모든~, 어떠한~ (범위 제한이 없다. 특정 명사 전체를 의미하는 용도)

(1) I gave him what money I had.
　　나는 그에게 내가 가진 모든 돈을 주었다.
(2) He spends what little money he has on any newly-published book.
　　그는 가지고 있는 얼마 안 되는 모든 돈을 새로 출간된 책에 다 써버린다.

칼분석 100지문

A dietitian was once addressing a large audience in Chicago. "The material (which we put into our stomachs) is enough to have killed most of us sitting here, years ago. Red meat is awful. Soft drinks erode your stomach lining. Chinese food is loaded with MSG. Vegetables can be disastrous, and none of us realizes the long-term harm (caused by the germs in our drinking water.) But there is one thing (that is the most dangerous of all) and we all have eaten, or will eat it. Can anyone here tell me [what food it is] (that causes the most grief and suffering for years after eating it?") A 75-year-old man in the front row stood up and said, "Wedding cake?"

해석

어떤 영양사가 시카고에서 큰 강연회를 연 적이 있다. "우리가 우리의 뱃속에 넣게 되는 물질은 여기에 앉아있는 우리의 대부분을 수년 전에 죽여 버렸기에 충분한 양입니다. 붉은(동물)고기는 끔찍하죠. 탄산음료는 당신의 위벽을 녹여 버립니다. 중국 음식에는 MSG(Monosodium glutamate, 화학조미료중 하나)가 담겨있습니다. 채소는 재앙일 수 있고(매우 위험하고), 우리들 중에 우리가 마시는 물에 있는 세균에 의한 장기적 피해를 깨닫고 있는 사람은 없습니다. 하지만 무엇보다 가장 위험하며, 우리 모두가 (이제껏)먹어 왔거나, 앞으로 먹게 될 한 가지 음식이 있는데요. 여기 계신 분 중에, 그것을 먹고 난 후 긴 세월동안 가장 불행스러우며, 고통스러운 음식이 무엇인지 제게 말할 수 있으신 분 계십니까?" 앞줄에 앉은 75세인 한 남자가 일어서서 말했다. "웨딩 케익?"

정답

(1) are put into our stomachs → put into our stomachs

해설

which가 put의 목적격인 능동구문

비상구 100지문

042 (A), (B), (C)의 각 네모 안에서 어법에 맞는 표현을 골라 짝 지은 것은?

(A) [Near / Nearly] 50% of all workers have jobs ❶ they aren't happy with. Don't let this (B) [happen / happens] to you! ❷ If you want to find the right job, don't rush to look through ads in the newspaper. Instead, sit down and think about yourself. What kind of person are you? What makes you happy? According to psychologist John Holland, there are six types of personalities. Nobody is just one type, but most people are mainly one type. For each type, there are certain jobs that might be right and (C) [others / another] that are probably wrong.

	(A)	(B)	(C)		(A)	(B)	(C)
(1)	Near	happen	others	(2)	Nearly	happens	others
(3)	Nearly	happen	another	(4)	Near	happens	another
(5)	Nearly	happen	others				

점검하기

❶ 명사 + S + V + 전치사 : 전치사의 목적격인 관계대명사의 생략

(1) He has the dog which I am fond of.
   = He has the dog I am fond of.
   그는 내가 좋아하는 개를 가지고 있다.

❷ If + S₂ + V₂, V₁ : 만일 ~라면 ~해라

(1) So if you are seeking more information or a different kind of information, ask for it by remaining silent.
   그러므로 당신이 더 많은 정보나 다른 종류의 정보를 얻으려 한다면, 침묵을 지키면서 그것을 요구하라.
(2) If the itches, however, do not disappear, stop scratching and take the medicine.
   하지만, 만약 그 가려움이 사라지지 않는다면, 긁는 것을 멈추고 약을 복용하라.
(3) If the habit involves your hands, as when pulling out hair, then try to occupy them in some other way.
   만약 그 습관이 머리채를 잡아당길 때처럼 당신의 손을 필요로 한다면, 그 손을 어떤 다른 방식으로 사용하려고 시도해 보라.
(4) If you see things through your camera lens that distract from what you are trying to say, get rid of them.
   만일 카메라의 렌즈를 통하여 표현하고자 하는 것에서 벗어나 있는 것들을 본다면, 그것들을 제거하라.

Nearly 50% of all workers have jobs (they aren't happy with.) Don't let this happen to you! If you want to find the right job, don't rush to look through ads in the newspaper. Instead, sit down and think about yourself. What kind of person are you? What makes you happy? According to psychologist John Holland, there are six types of personalities. Nobody is just one type, but most people are mainly one type. For each type, there are certain jobs (that might be right) and others (that are probably wrong.)

해석
전체 근로자 중 거의 50%가 가지고 있어 행복하지 못한 직업을 가지고 있다. 이런 일이 당신에게 일어나지 않게 하라. 만일 당신이 알맞은 직업을 찾기를 원한다면, 신문에 있는 광고를 훑어보는 데에 급급하지 마라. 그 대신, 앉아서 자기 자신에 대해 생각해 보라. 당신은 어떤 유형의 사람인가? 무엇이 당신을 행복하게 하는가? 심리학자 John Holland 에 의하면, 성격에는 6가지가 있다고 한다. 오로지 한 유형인(한 성격만 가진) 사람은 없지만, 대부분의 사람들은 주로 한 유형이다. 각각의 유형에는, 알맞을 만한 특정 직업이 있고, 다른 직업들은 아마 맞지 않을 것이다.

정답
⑤ 번 - (A) Nearly   (B) happen   (C) others

해설
(A) nearly + 숫자
(B) let + O + V.R
(C) 두 그룹 중 나머지

비상구 100지문

043 (A), (B), (C)의 각 네모 안에서 어법에 맞는 표현을 골라 짝 지은 것은?

Periscope is an optical instrument for observation from a concealed position. In its simplest form, this is a tube ❶ in each end of which (A) [mirrors / are mirrors] set parallel to each other and at an angle of 45°with a line between them. This may be used as a toy or for looking over people's heads in a crowd. This kind of device, with the addition of two simple lenses, was used for observational purposes in the trenches during World War I. This allows submarines, submerged at a shallow depth, (B) [searching / to search] for targets and threats in the surrounding sea and air. But the submarine commander must exercise discretion when (C) [used by / using] this, ❷ since this creates an observable wake and may be detectable to radar, giving away the sub's position.

	(A)	(B)	(C)		(A)	(B)	(C)
(1)	mirrors	to search	used by	(2)	mirrors	searching	used by
(3)	are mirrors	to search	using	(4)	are mirrors	searching	using
(5)	mirrors	to search	using				

점검하기

❶ 부사구 V + S, 도치구문 (보통 장소의 부사구와 일형식 동사의 구조에서 발생)

(1) On the wall of our dining room was a framed quotation: "Let me live in a house by the side of the road and be a friend to man."
우리집 식당 벽에는 액자에 넣은 다음과 같은 글귀가 있었다. "길가에 있는 집에서 살며 사람들의 친구가 되게 해주세요."

❷ Since S + V, S + V : ~의 이유로, ~때문에

(1) Since people generally like what they are good at, I propose that our children focus on areas in which they excel.
일반적으로 사람들은 자신에게 능숙한 일을 좋아하기 때문에 나는 아이들에게 그들이 뛰어난 분야에 집중하라고 말한다.

(2) Unlike the modern society, the primitive society has less specialized knowledge to transmit, and since its way of life is enacted before the eyes of all, it has no need to create a separate institution of education such as the school.
현대 사회와는 달리, 원시 사회는 전달할 전문 지식을 더 적게 가지고 있고 생활방식이 모든 사람들의 눈앞에서 이루어지기 때문에, 학교와 같은 분리된 교육기관을 만들 필요가 없다.

칼분석 100지문

Periscope is an optical instrument for observation from a concealed position. In its simplest form, this is a tube in each end of which are mirrors (set parallel to each other and at an angle of 45° with a line between them). This may be used as a toy or for looking over people's heads in a crowd. This kind of device, with the addition of two simple lenses, was used for observational purposes in the trenches during World War I. This allows submarines, submerged at a shallow depth, to search for targets and threats in the surrounding sea and air. But the submarine commander must exercise discretion when using this, since this creates an observable wake and may be detectable to radar, giving away the sub's position.

해석
잠망경은 은밀한 위치에서 관찰을 하기 위한 광학기기이다. 가장 간단한 형태로서, 잠망경은 양쪽 끝에 거울을 서로 평행으로 달아 거울 사이의 선에 45도의 각도를 유지하게 해놓은 관이다. 잠망경은 장난감이나 또는 군중 속에서 사람들의 머리 위로 보기 위한 것으로 사용될 수도 있다. 이러한 형태의 장치는 두 개의 간단한 렌즈를 추가로 달아 1차 세계대전 중에 참호 속에서 관측 목적으로 사용되었다. 잠망경은 잠수함이 얕은 수심으로 잠수할 때 주변 바다와 공중에 있는 목표물과 위험물을 찾아낼 수 있게 해준다. 하지만 잠망경은 눈에 띄는 자국을 만들고 레이더에 감지될 수도 있어서 잠수함의 위치를 노출시키기 때문에 잠수함의 지휘관은 이것을 사용할 때에는 신중을 기해야 한다.

정답
③ 번 – (A) are mirrors (B) to search (C) using

해설
(A) mirrors are in each end 구조에서 도치 (B) allow + O + to V.R (C) this가 잠망경이므로 use의 목적어

비상구 100지문

044   문맥이나 어법상 어색한 것을 찾아라

This story is about ❶ how Nick got his first job in America. Nick was (1) <u>an emigrant</u>. He had no money and spoke no English, and he (2) <u>applied for</u> a dishwashing job in an Italian restaurant. Before his interview with the boss, Nick went into the restaurant's bathroom and scrubbed it clean. He then took a toothbrush and cleaned between every tile (3) <u>until the bathroom was completely spotless.</u> ❷ By the time Nick had his interview, the boss was trying to figure out: "(4) <u>What's happened</u> to the toilets?" At last Nick got the job. A week later, the salad maker quit and Nick was on his way to (5) <u>becoming a chef</u>.

점검하기

❶ how + S + V : 어떻게 ~하는지 / how + 형, 부 + S + V : 얼마나 ~한, ~하게 하는지

(1) Figures A and B demonstrate how dew point is measured by a dew point hygrometer.
그림 A와 B는 이슬점 습도계로 이슬점이 어떻게 측정되는지를 보여준다.

(2) Meanwhile, I thought of how the type of 'imperfect' produce we ate for dinner, just as healthy as that sold at the store, was often tossed on the compost heap or left in the ground.
한편으로 나는 그 상점에서 팔던 것과 똑같이 건강에 좋은, 저녁 식사에 우리가 먹던 그런 '결함이 있는' 농산물이 흔히 어떻게 퇴비 더미에 버려지거나 (수확하지 않은 채로) 땅속에 그냥 남아있게 되는지에 대해 생각해보았다.

(3) One key social competence is how well or poorly people express their own feelings.
한 가지 중요한 사교 능력은 사람들이 그들 자신의 감정을 얼마나 잘 표현하는가 혹은 못하는가 하는 것이다.

❷ by the time + S + V : "~할 무렵" (시간의 부사절)

(1) By the time you get back, we'll have gone to bed.
당신이 돌아올 무렵, 우리는 잠자리에 들었을 것이다.

칼분석 100지문

This story is about [how Nick got his first job in America.] Nick was an immigrant. He had no money and spoke no English, and he applied for a dishwashing job in an Italian restaurant. Before his interview with the boss, Nick went into the restaurant's bathroom and scrubbed it clean. He then took a toothbrush and cleaned between every tile until the bathroom was completely spotless. By the time Nick had his interview, the boss was trying to figure out: "What's happened to the toilets?" At last Nick got the job. A week later, the salad maker quit and Nick was on his way to becoming a chef.

해석

이 이야기는 어떻게 Nick이 미국에서 그의 처음 일자리를 얻었는지에 관한 것이다. 그는 돈이 없었고, 영어도 말하지 못해서 이탈리아 식당의 설거지 일에 지원을 했다. 주인과의 면접 전에, Nick은 식당의 화장실에 가서 깨끗이 문질러 닦았다(청소). 그리고 그는 칫솔을 가지고 와서 모든 타일 사이를 티 하나 없어질 때까지 닦아냈다. Nick이 면접을 보게 되었을 때에, 주인은 왜 그런지 알아보려고 했다. "화장실에 무슨 일이 일어난 거죠?" 결국 Nick은 일자리를 얻었다. 일주일 후, 샐러드 담당자가 그만두고, Nick은 주방장이 되는 길에 올라서게 되었다.

정답

(1) an emigrant → an immigrant

해설

의미상 입주한 이민자

비상구 100지문

045 (A), (B), (C)의 각 네모 안에서 어법에 맞는 표현을 골라 짝 지은 것은?

About 250 million years (A) [ago / before], even before dinosaurs roamed the planet, (B) [almost / most] 90 percent of life on ❶ Earth (C) [was wiped out / wiped out] in history's biggest extinction. Scientists call it "the Great Dying" and until now, they didn't know why it happened. A new study ❷ suggests that a crashing asteroid or comet is what really caused 90 percent of all ocean species and 70 percent of all land species to disappear.

	(A)	(B)	(C)		(A)	(B)	(C)
(1)	ago	almost	was wiped out	(2)	before	almost	wiped out
(3)	ago	most	wiped out	(4)	before	most	wiped out
(5)	ago	almost	wiped out				

점검하기

❶ S + be + p.p : S가 ~을 당하다(수동태)

(1) For example, a study recommends that babies be moved into their own room by three months of age.
예를 들어, 아기들은 생후 3개월 즈음에는 자기들만의 방으로 옮겨져야 한다고 한 연구는 권장한다.

(2) While the fine art object is valued because it is unique, it is also valued because it can be reproduced for popular consumption.
미술품은 독특하기 때문에 귀중히 여겨지는 한편, 그것이 대중적인 소비를 위해서 복제될 수 있기 때문에 또한 귀중하게 여겨질 수 있다.

(3) Since his time, we have learned that light waves are characterized by different frequencies of vibration.
그가 살던 시대 이후로 우리는 빛의 파장이 다양한 진동의 주파수로 특징지어진다고 알아왔다.

❷ ① suggest that S + (should) V.R : ~해야한다고 제안하다

(1) Doctor suggested [that my mother be hospitalized at once].
의사는 어머니를 즉각 입원시켜야 한다고 권고했다.

② suggest + 명사 / that S + V : 넌지시 알리다, 암시하다

(1) She suggested a blind betting.
그녀는 맹목적으로 돈을 거는 것을 암시했다.

(2) The body paint suggests [that they are going to have a war against another tribe].
그 몸의 페인트는 그들이 다른 부족과 전쟁을 가지리라는 것을 암시한다.

(3) Studies suggest [that when a healthy trust is formed from the start of life, it leads one to moral, honest, balanced conduct in relations with others].
연구는 건전한 신뢰가 인생의 어린 시절부터 형성되면 그것은 타인과의 관계에 있어서도 도덕적이고 정직하며 균형 잡힌 행동으로 이끌어 준다는 것을 시사한다.

칼분석 100지문

About 250 million years ago, even before dinosaurs
   S₁   접속사   S₁
                                 even before S + V : 심지어 ~하기도 전에

roamed the planet, almost 90 percent of life on Earth
  V₁   O₁   S₂

was wiped out in history's biggest extinction. Scientists
  V₂(수동태)   S₁

call it "the Great Dying" and until now, they didn't know [why it happened.]
V₁ O₁   O·C₁   절의 병렬 지금까지도 S₂   V₂   O₂ S₃ V₃
                                                           명사절

                                                      명사절
A new study suggests [that a crashing asteroid or comet is [what really
   S₁   V₁   O₁   S₂   V₂ (C₂), (S₃)
                     명사절

caused 90 percent of all ocean species and 70 percent of all land species to
  V₃   O₃₋₁   O₃₋₂   O·C₃

disappear.]]   cause + A + to V.R = A가 ~하도록 초래하다.

해석
약 2억 5천만 년 전에, 공룡이 지구를 배회하던 시대 이전, 지구상의 거의 90%에 달하는 생명체는 역사상 최대의 멸종으로 제거당했다. 과학자들은 그것을 거대한 죽음이라 부르며, 지금까지도 그들은 왜 그런 일이 일어났는지 알지 못한다. 새로운 연구보고서는 충돌하는 소행성과 혜성이 90%의 모든 바다 종(생물)들과 70%의 육지 종(생물)들을 사라지도록 초래한 것이라고 암시하고 있다.

정답
① 번 - (A) ago   (B) almost   (C) was wiped out

해설
(A) 현재부터 거슬러 올라간 과거
(B) almost + 숫자
(C) 수동의 의미

비상구 100지문

046 빈칸에 들어갈 알맞은 것은?

One should never mark buildings, monuments, signs, streets, or sidewalks. The old saying, ❶ "Fools' names and fools' faces are often seen in public places," is good to repeat. This expression shows the general public's disapproval of the vandal who feels he must mark or ruin the appearance of (A) everyone. In a more positive sense, it is good to say, "Obey signs rather than ruin them." Signs are an example of public property put up for the use of all. When the vandal has his way, he is wrecking ❷ what belongs as much to him as to you. Fortunately, there are good citizens who try to prevent such things (B).

	(A)	(B)		(A)	(B)
(1)	that belongs to	from happening	(2)	that belongs to	to happen
(3)	what belongs to	to happen	(4)	what is belonged to	from happening
(5)	what belongs to	from happening			

점검하기

❶ 가주, 진주에서의 문장전환 : it is 특정 보어 to V.R + 목적어 = 목적어 is 보어 to V.R
(1) It is pleasant to pat the dog = The dog is pleasant to pat.
   개를 쓰다듬는다는 것은 즐겁다 = 개는 쓰다듬기에 즐겁다.
(2) It is exciting to talk with him = He is exciting to talk with.
   그와 대화하는 것은 짜릿하다 = 그는 함께 대화하기에 짜릿하다.

❷ as 형,부 as : ~만큼 ~한(하게)
(1) Cultures as diverse as the Japanese, the Guatemalan Maya, and the Inuit of Northwestern Canada practice it.
   일본인들, 과테말라의 마야인들, 그리고 북서 캐나다의 이뉴잇족과 같은 다양한 문화권에서는 그것을 행한다.
(2) You are under the false impression that you do not have as many items to pack as you really do.
   당신은 이삿짐을 꾸릴 물건들이 실제로 존재하는 것만큼 많지 않다는 잘못된 생각을 갖고 있다.
(3) Suddenly, your mind may seem as blank as the paper.
   갑자기, 당신의 마음도 그 종이처럼 텅 빈 상태가 된 것처럼 보일 수 있다.

칼분석 100지문

One should never mark buildings, monuments, signs, streets, or sidewalks. The old saying, "Fools' names and fools' faces are often seen in public places," is good to repeat. This expression shows the general public's disapproval of the vandal (who feels he must mark or ruin the appearance of what belongs to everyone.) In a more positive sense, it is good to say, "Obey signs rather than ruin them." Signs are an example of public property put up for the use of all. When the vandal has his way, he is wrecking what belongs as much to him as to you. Fortunately, there are good citizens who try to prevent such things from happening.

해석

건물, 기념비, 안내판, 거리 그리고 보도에 오점을 남겨서는 안 된다. "바보들의 이름과 얼굴은 공공장소에서 종종 보인다."라는 옛 속담은 반복해서 음미할 가치가 있거나 무엇인가를 망가뜨리려는 마음을 가진 파괴자를 사람들이 비난한다는 것을 보여준다. 더 적극적인 의미에서 안내판을 파괴하기 보다는 그것에 순종하라 고 말하는 것이 타당하다. 안내판은 모든 사람의 효용을 위해 설치된 공공 재산의 한 사례이다. 파괴자가 제 마음대로 할 때 그는 자기에게 속한 것일 뿐 아니라 당신에게 속한 것 또한 파괴하고 있는 것이다. 다행히도, 그러한 것들이 일어나는 일을 막기 위해 노력하는 선량한 시민들이 있다.

정답

⑤ 번 – (A) what belongs to   (B) from happening

해설 (A) of의 목적어와 belongs의 주어로써 동시 역할 (what)   (B) prevent A from B

047 (A), (B), (C)의 각 네모 안에서 어법에 맞는 표현을 골라 짝 지은 것은?

Steve, my nine year-year-old son, awoke early that Christmas morning, eager to see (A) [that / what] was under our tree. When he found the skis, he looked (B) [disappointing / disappointed], because skis had not been high on his wish list. However, Steve took to the sport his first day on the slopes. Soon an instructor persuaded him to join the resort's junior race program. For the next ten years, my son skied every winter weekend. Those first skis were soon replaced, but they had already given benefits ❷ far more lasting than the model train, bicycle and record player (C) [that / what] succeeded them. The skis taught my son self-discipline and perseverance.

	(A)	(B)	(C)		(A)	(B)	(C)
(1)	that	disappointing	that	(2)	what	disappointing	what
(3)	that	disappointed	that	(4)	what	disappointed	that
(5)	that	disappointed	what				

점검하기

❶ 분사구문, 연속동작: 그리고 ~하다
(1) Some heroes shine in the face of great adversity, performing amazing deeds in difficult situations.
어떤 영웅은 큰 역경과 마주칠 때 빛나며 어려운 상황에서 놀라운 공적을 해낸다.
(2) A powerful flashlight will easily light your way and the creatures around you, revealing marine life in its true colors.
강력한 라이트는 쉽게 당신의 길과 주위의 생물들을 비춰주어, 해양 생물의 본연의 색상을 드러내 줄 것입니다.

❷ 비교급 강조 much +비교급: 훨씬 더 ~한(하게)
(1) By contrast, in the United States, cheap gas, massive highway investment, policies that favor construction on the edges of cities, and heavy reliance on property taxes to fund public schools have encouraged much more car-reliant and spread-out urban areas, where eight in ten Americans now live.
대조적으로 미국에서는 싼 휘발유, 대규모의 고속도로 투자, 도시 변두리에서의 건설을 선호하는 정책, 그리고 공립학교에 자금을 대기 위해 재산세에 과도하게 의지하는 것이 훨씬 더 자동차에 의존하고 밖으로 퍼져 나가는 도시 지역을 장려하게 되었는데 이곳에서 미국인 10명 중 8명이 지금 살고 있다.
(2) But when they were faced with questions that asked them to use the information more creatively, the 'could-be' students performed much better than the others.
그러나 그들이 그들에게 정보를 더 창의적으로 사용하도록 요청하는 질문들을 접했을 때, '그럴 수도 있다'는 학생들이 나머지 학생들보다 훨씬 더 잘 수행했다.

칼분석 100지문

Steve, my nine year-year-old son, awoke early that Christmas morning, eager to see [what was under our tree.] when he found the skis, he looked disappointed, because skis had not been high on his wish list. However, Steve took to the sport his first day on the slopes. Soon an instructor persuaded him to join the resort's junior race program. For the next ten years, my son skied every winter weekend. Those first skis were soon replaced, but they had already given benefits far more lasting than the model train, bicycle and record player (that succeeded them.) The skis taught my son self-discipline and perseverance.

해석
나의 9살 난 아들인 Steve는 그 크리스마스 날 아침, 우리 나무 밑에 무엇이 있는지 보고 싶어서 일찍 일어났다. 그가 스키를 발견했을 때, 그는 스키가 그의 소망하는 리스트에서 중요품목이 아니었기 때문에 실망했다. 그러나 Steve는 처음으로 슬로프에 간날 그 스포츠를 즐겼다. 얼마 되지 않아, 한 선생님이 그(아들)에게 리조트 주니어 경주 프로그램에 참가하도록 설득했다. 그 후 10년간, 내 아들은 겨울이면 매 주말마다 스키를 탔다. 그 초기의 스키들은 곧 대체되었지만(낡아 다른 것으로 바뀌게 되었지만), 그것들을 뒤잇는(스키 다음으로 받은)기차모형, 자전거, 레코드플레이어보다 훨씬 오래가는 이득을 주었었다. 그 스키는 내 아들에게 자기 훈련과 인내를 가르쳐 주었다.

정답
④ 번 – (A) what   (B) disappointed   (C) that
해설   (A) see의 목적어와 was의 주어로써 동시 역할   (B) 실망 당한   (C) succeeded의 주격관계사

비상구 100지문

048　(A), (B), (C)의 각 네모 안에서 어법에 맞는 표현을 골라 짝 지은 것은?

　Business card serves several useful purposes. This is a concrete reminder about the interaction with the person. By giving accurate details about the name, address, telephone numbers and email, this serves as the reference for contact. This provides (A) [information / indication] about the professionalism and credibility of the business person. Because this is such a vital ingredient for a business person, great care (B) [should take / should be taken] ❶ in designing one. A flashy design that distracts from important details is just as bad as an unimpressive look. (C) [Both this sides / Both sides of this] should be used wisely. The logo should be placed at a striking point in the grid and colors should be soothing.

	(A)	(B)	(C)
(1)	indication	should take	Both sides of this
(2)	indication	should be taken	Both this sides
(3)	information	should be taken	Both sides of this
(4)	information	should take	Both side of this
(5)	indication	should take	Both this sides

점검하기

❶ in -ing ~할 때, ~하는데 있어서
(1) But persons who are daring in taking a wholehearted stand for truth often achieving results that surpass their expectations.
그러나 진리를 위한 진심어린 입장을 취하는 것에 대담한 사람들은 종종 그들의 기대를 능가하는 결과를 성취한다.
(2) Wilkinson showed that the blood donors are typically sharing their surpluses and, in so doing, are saving unsuccessful foragers that are close to starvation.
먹은 혈액을 나누어주는 흡혈 박쥐는 일반적으로 자기에게서 남는 것을 함께 나누고, 그렇게 하는데 있어서, 아사에 처한 먹이를 찾는데 성공하지 못한 박쥐들을 구한다고 Wilkinson은 밝혔다.

칼분석 100지문

Business card serves several useful purposes. This is a concrete reminder about the interaction with the person. By giving accurate details about the name, address, telephone numbers and email, this serves as the reference for contact. This provides information about the professionalism and credibility of the business person. Because this is such a vital ingredient for a business person, great care should be taken in designing one. A flashy design that distracts from important details is just as bad as an unimpressive look. Both sides of this should be used wisely. The logo should be placed at a striking point in the grid and colors should be soothing.

해석
명함은 몇 가지 유용한 목적을 제공한다. 명함은 해당되는 사람과의 상호 작용에 대해 구체적으로 생각나게 해 주는 것이다. 이름, 주소, 전화번호, 이메일에 대해 상세히 제시해줌으로써, 명함은 연락을 취하기 위한 참고 사항으로서 도움이 된다. 명함은 사업하는 사람의 전문가적인 기질과 신뢰성에 대해 가르쳐준다. 명함은 사업하는 사람에게 매우 중요한 요소이기 때문에 이것을 디자인할 때는 많은 주의를 기울여야 한다. 중요한 세부사항으로부터 주의력을 흐트러뜨리는 현란한 디자인은 인상을 주지 못하는 외모만큼이나 나쁜 것이다. 이것의 양쪽 면은 현명하게 활용되어야 한다. 회사 로고는 격자 안에서 눈에 띄는 곳에 위치해야 하고, 차분한 색상을 사용해야 한다.

정답
③ 번 – (A) information   (B) should be taken   (C) Both sides of this

해설
both는 복수만 수식할 수 있다.

049 문맥이나 어법상 어색한 것을 찾아라

To feed everyone, farmers must grow more food, and they are trying to do so. As a result, world food production (1) <u>has gradually risen</u> ❶ <u>over the years</u>. But in the process, farmers use chemical fertilizers and pesticides in order to grow more crops on the same amount of land. Some (2) <u>plants new kinds of grains</u> that produce more food. These things help but they don't provide perfect solutions. The chemicals in fertilizers and pesticides can pollute water supplies. The new seeds (3) ❷ <u>developed</u> by scientists (4) <u>may have reached</u> the limit of (5) <u>what they can produce</u>.

점검하기

❶ over + 시간 : ~에 걸쳐서

(1) Over the weekend
주말에 걸쳐서

(2) Over the past 10 years
지난 10년에 걸쳐서

❷ 명사 + p.p 후치수식 : ~된 명사

(1) An executed purpose, in short, is a transaction in which the time and energy spent on the execution are balanced against the resulting assets, and the ideal case is one in which the former approximates to zero and the latter to infinity.
요컨대 수행된 목적은 수행하는데 소비된 시간과 에너지가 결과로 나타난 자산과 균형을 이루는 거래이고, 이상적인 것은 전자가 0에 가깝고, 후자는 무한대에 가까운 경우이다.

(2) Floppy Barrow is a game invented by Phil and Alan Grace, and Tim Inglis in South Australia. All this is part of expected ways of behaving in our social life, but it is not something that we can apply in formal institutions governed by hard-and-fast rules.
이 모든 것은 우리의 사회적인 삶에서 예상되는 행동 방식들의 일부분이다. 그러나 이것이 우리가 엄격한 법률에 의해 지배받는 공식적인 제도로 적용할 수 있는 것은 아니다.

칼분석 100지문

To feed everyone, farmers must grow more food, (and) they are trying to
do so. As a result, world food production has gradually risen over the
years. But in the process, farmers use chemical fertilizers and pesticides
in order to grow more crops on the same amount of land. Some plant
new kinds of grains (that produce more food.) These things help (but) they
don't provide perfect solutions. The chemicals in fertilizers and pesticides
can pollute water supplies. The new seeds developed by scientists
may have reached the limit [of what they can produce.]

해석
모두를 먹이기 위해, 농부들은 많은 음식을 길러야 하고, 또 그들은 그렇게 하고 있다. 결과적으로, 세계 식량 생산은 수년에 걸쳐 점차적으로 증가해 왔다. 그러나 그 과정에 있어서, 농부들은 같은 양의 땅에서 더 많은 농작물을 재배하기 위해 화학 비료와 살충제를 사용한다. 일부 농부들은 더 많은 식량을 생산해내는 새 품종의 곡물을 심는다. 이러한 것들은 도움은 되지만, 그것이 완벽한 해결책은 주지 못한다. 비료와 살충제에 있는 화학물질은 수자원을 오염시킬 수 있다. 과학자들에 의해 개량된 새로운 종자들은 그것들이 생산해낼 수 있는 것의 한계에 도달 했을지 모른다.

정답
(2) plants new kinds of grains → plant new kinds of grains

해설
plant는 명사 '식물'이 아니라, 동사 '심다'이므로 some을 복수주어인 'some people'로 보고 동사는 복수형을 쓴다

050 (A), (B), (C)의 각 네모 안에서 어법에 맞는 표현을 골라 짝 지은 것은?

Rhyme is a type of sound ❶ that is often ignored, but it's very important. In fact, children who (A) [taught / are taught] to rhyme usually do well in reading. Our brains recall patterns, and rhyming represents patterns in sounds. Rhymes also represent patterns in spelling, too. (B) [Recognizing / Recognize] rhymes helps build our supply of patterns. The first resource on this page is a list of books that will increase children's awareness of rhyme. ❷ Below the books (C) [is / are] the link to many activities that can be used to help you teach rhyming in your classroom.

	(A)	(B)	(C)		(A)	(B)	(C)
(1)	taught	Recognizing	are	(2)	taught	Recognize	is
(3)	are taught	Recognizing	is	(4)	are taught	Recognize	is
(5)	are taught	Recognizing	are				

점검하기

❶ 주격관계대명사가 이끄는 명사를 후치수식하는 절 : ~하는, ~할

(1) The exclusion of new technology generally leads to social change that will soon follow.
새로운 기술을 배제하는 것은 일반적으로, 곧 이어 나타날 사회적 변화를 이끈다.

(2) Electric bulbs transmit light but keep out the oxygen that would cause their hot filaments to burn up.
전구는 빛을 발하면서도 뜨거운 필라멘트를 폭발시킬 수도 있는 산소는 막아낸다.

❷ 1형식 장소 정보의 "전치사 + 목적어"가 문두에 오면 V + S 어순 도치

(1) After the snowstorm came thick fog, and in that fog, Fredrick's men soon lost their way on an ice river with hundreds of big holes in it.
눈보라가 지나간 후에 짙은 안개가 찾아왔고, 그 안개 속에서 Fredrick의 대원들은 곧 수백 개의 커다란 구멍이 있는 얼어붙은 강 위에서 길을 잃었다.

(2) In the center of the room, sitting at a table, was the strangest lady I had ever seen.
방의 가운데에는 내가 그때까지 본 사람 중 가장 이상해 보이는 부인이 테이블에 앉아 있었다.

칼분석 100지문

Rhyme is a type of sound (that is often ignored,) but it's very important.
 S₁   V₁ C₁   S₂   V₂(수동)   절의 병렬 S₃ V₃   C₃
                    관대주격

In fact, children (who are taught to rhyme usually) do well
          S₁   S₂   V₂   V₁
              관대주격

in reading. Our brains recall patterns, and rhyming represents patterns in
            S₁   V₁   O₁   절의 병렬 S₂   V₂   O₂

sounds. Rhymes also represent patterns in spelling, too.
         S   V   O

Recognizing rhymes helps build our supply of patterns. The first resource
동명사S₁   V₁   O₁(Vt₂)   O₂   S₁
              help + (to)V.R : ~하는 것을 돕다

on this page is a list of books (that will increase children's awareness of
            V₁   C₁   S₂   V₂   O₂
                          관계대명사 주격

rhyme.) Below the books is the link to many activities (that
         장소의 부사구   V₁   S₁   S₂
         전치사 + 목적어를 앞으로 빼고 주어 동사 도치   관대주격

can be used to help you teach rhyming in your classroom.)
  V₂   help + O + (to)V.R

해석
운율은 종종 무시되는 소리의 한 형태이지만 매우 중요하다. 실제로 운율을 배운 아이들은 일반적으로 독서를 잘한다. 우리의 뇌는 형식을 연상하고 운율은 소리에 있어서 형식을 나타낸다. 또한 운은 철자에 있어서 형식을 나타내기도 한다. 운율을 아는 것은 형식의 공급을 훈련하는데 도움이 된다. 이 페이지의 첫 번째 내용은 아이들이 운율에 대한 인식을 높일 수 있는 책들의 목록이다. 이 책 아래에, 당신이 수업시간에 운율을 가르치는데 도움을 줄만한 많은 활동에 대한 연결고리들이 있습니다..

정답
③ 번 – (A) are taught   (B) Recognizing   (C) is

해설
(C) the link … is below the books가 정상 어순

051　문맥이나 어법상 어색한 것을 찾아라

The opposition is indispensible. A good statesman, like (1) <u>any other sensible human being,</u> (2) <u>always learns</u> ❶ more from his opponents (3) <u>as from his fervent supporters.</u> For his supporters will push him to disaster (4) <u>unless his opponents show him</u> (5) <u>where the dangers are.</u>

점검하기

❶ 비교급 than의 병렬부분 찾기

(1) The enrollment rates of all age groups were higher than 50 percent in 2006.
모든 연령 집단의 취학률이 2006년에는 50%를 넘었다.

(2) After a few steps she turned around, and from where the professional three-point line must be now, she effortlessly flipped the ball up in the air, its flight truer and higher than I'd witnessed from any boy or man.
몇 걸음을 뗀 후에 어머니는 몸을 돌렸고, 이제 프로 3점슛 라인임이 틀림없는 곳에서 그녀는 힘들이지 않고 공을 공중으로 가볍게 던졌는데 그 공의 궤적은 내가 목격한 어떠한 소년이나 성인 남자로부터의 것보다 더 정확하고 높았다.

(3) The percentage of women who tend to choose a job based on 'past experience' is higher than that of men.
'과거경력'에 근거해 직업을 선택하려는 경향이 있는 여성의 비율은 남성의 비율 보다 높다.

·cf) 위의 문장에서는 from his opponents와 from his fervent supporters가 병렬 되었다.

칼분석 100지문

The opposition is indispensible. A good statesman, (like any other sensible human being,) always learns more from his opponents than from his fervent supporters. For his supporters will push him to disaster unless his opponents show him [where the dangers are.]

해석
대립관계는 없어서는 안 되는 것이다. 여러 다른 현명한 사람들처럼 훌륭한 정치가는, 그의 열렬한 지지자들로부터 보다는, 반대 세력으로부터 더 많은 것을 항상 배운다. 왜냐하면 그를 반대하는 사람들이, 그에게 어느 곳에 위험이 있는지를 보여주지 않으면, 그의 지지자들은 그를 큰 실패로 밀어 넣을 것이기 때문이다.

정답
(3) as from his fervent supporters → than from his fervent supporters

해설
앞에 more라는 비교급이 있으므로 than

비상구 100지문

052 문맥이나 어법상 어색한 것을 찾아라

Man first appeared on Earth (1) <u>half a million years ago.</u> Then he was (2) <u>a little more than an animal</u>; but early man had several big advantages (3) <u>over the animals.</u> He had a large brain, he had an upright body, he had clever hands; and (4) <u>he had in his brain</u> special groups of nerve cells, ❶ not present in animals, ❷ that enabled him to invent a language and (5) <u>use it</u> to communicate with his fellowmen.

점검하기

❶ 명사 + 형용사구 후치수식: ~한 명사

(1) Egyptians were therefore looking for something less dangerous to throw.
그래서 이집트인들은 던지기에 보다 덜 위험한 것을 찾게 되었다.

(2) If they don't, you will have to use your emergency fund to cover basic expenses such as food, transport, and accommodation, and there will be less money available for an unexpected situation that necessitates a sudden change of plan.
만약 그렇지 않다면, 음식이나 교통, 그리고 숙박과 같은 기본적인 비용을 충당하기 위해 비상금을 사용해야만 할 것이고, 갑작스런 계획의 변경을 필요로 하는 예상치 못한 상황에 쓸 수 있는 돈은 더 적어질 것이다.

❷ enable + 목적어 + to V.R : ~할 능력을 주다

(1) His comeback enabled us to reform our society.
그의 복귀가 우리가 우리 사회를 개혁하도록 하게 해 주었습니다.

(2) What was it that enabled them to survive the battle?
그들이 전투에서 살아남을 수 있게 한 것은 무엇이었습니까?

칼분석 100지문

Man first appeared on Earth half a million years ago. Then he was little more than an animal; but early man had several big advantages over the animals. He had a large brain, he had an upright body he had clever hands; and he had (in his brain) special groups of nerve cells, not present in animals, that enabled him to invent a language and use it to communicate with his fellowmen.

해석
인간은 50만 년 전에 지구상에 나타났다. 그 때 인간은 하나의 동물에 지나지 않았다. 하지만 초기의 인간은 동물에 비해 몇 가지 커다란 이점을 가지고 있었다. 인간은 큰 뇌를 가지고 있었고, 직립가능한 몸, 재주 있는 손을 가지고 있었다. 그리고 인간은 뇌 속에, 언어를 발명해내고 무리들과 의사소통하기 위해 그 언어를 사용할 수 있도록 하는, 동물에게는 존재하지 않는 특별한 신경 세포군을 가지고 있었다.

정답
(2) a little more than an animal → little more than an animal

해설
부정의 의미가 되어야 함

053 문맥이나 어법상 어색한 것을 찾아라

Is there any other inspirational force (1) <u>than the force of love?</u> There is no other. Love ❶ makes the trees (2) <u>flower and shed their seed,</u> love makes the animal (3) <u>mates and birds put on their best feather,</u> and sing their best songs. And (4) <u>all that man</u> has ever created on the face of the earth, or (5) <u>ever will create has been created</u> ❷ in the inspiration and by the force of love.

점검하기

❶ make 명사(목적어) 동사원형(목적보어) : 명사가 ~하게 만들다
  make the trees flower 에서 flower는 동사 원형으로 "꽃 피다"
  (1) The author is asked to make the couple live happily ever after.
  그 작가는 그 커플이 영원히 행복하게 살도록 만들 것을 요구받고 있다.

❷ and의 병렬
  in the inspiration, by the force of love가 and에 의해 병렬 되었다.

Is there any other inspirational force than the force of love? There is no other. Love makes the trees flower and shed their seed, love makes the animal mate and birds put on their best feather, and sing their best songs. And all (that man has ever created on the face of the earth, or ever will create) has been created in the inspiration and by the force of love.

해석
사랑의 힘 이외에 영감을 주는 또 다른 힘이 있을까? 그런 것은 없다. 사랑은 나무로 하여금 꽃 피우게 하고, 씨를 떨어뜨리게 하며, 사랑은 동물들이 짝 짓고 새들이 최고의 깃털을 가지게 하고 최고의 노래를 부르게 한다. 그리고 인간이 지구상에 창조한 모든 것들 혹은 앞으로 창조할 것들은 영감과 사랑의 힘에 의해 만들어진 것이다.

정답
(3) mates and birds put on their best feather → mate and birds put on their best feather

해설
'make + 목적어 + 동사원형' 형태로 만들어야함.
2번은 flower가 동사원형, 3번은 mate가 동사원형

054 문맥이나 어법상 어색한 것을 찾아라

More than a thousand years (1) <u>ago Christ,</u> ❶ near the eastern end of the Mediterranean (2) <u>was a great city very rich and powerful,</u> second to none on earth. The name of the city was Troy and even today, (3) <u>no city is more famous.</u> The cause of this long-lasting fame was a war (4) ❷ <u>told of in one of the world's greatest poems, the Iliad.</u> And (5) <u>it is because there was a man</u> who tried to make his dream come true that Troy has come to the bright world after those long years of legend.

점검하기

❶ 장소의 부사구 + V + S (1형식 구조의 도치)

(1) On the wall of our dining room was a framed quotation: "Let me live in a house by the side of the road and be a friend to man."
우리 집 식당 벽에는 액자에 넣은 다음과 같은 글귀가 있었다. "길가에 있는 집에서 살며 사람들의 친구가 되게 해주세요."

❷ 명사 + pp + 전치사 구조의 후치수식

(1) It was a picture looked at by nobody.
그것은 아무도 쳐다보지 않는 그림이었습니다.

(2) The topic talked about by them is irrelevant to this situation.
그들에 의해 이야기 된 화제(주제)는 이 상황에 무관하다.

칼분석 100지문

More than a thousand years before Christ, (near the eastern end of the Mediterranean) was a great city (very rich and powerful, second to none on earth.) The name of the city was Troy and even today, no city is more famous. The cause of this long-lasting fame was a war (told of in one of the world's greatest poems, the Iliad.) And it is because there was a man (who tried to make his dream come true) that Troy has come (to the bright world) (after those long years of legend).

해석
기원전 천 년도 더 이전에, 지중해 동쪽 끝에 지구상에서 어디에도 뒤지지 않는 매우 부유하고 강력한 거대 도시가 있었다. 그 도시의 이름은 Troy 였고, 오늘날에도 이보다 유명한 도시는 없다. 이 오랜 명성의 이유는 세계의 가장 훌륭한 시(詩)들 중 한 편인 Iliad에서 언급된 전쟁 때문이었다. 그리고 Troy가 오랜 세월의 전설로부터 이제는 밝은 세계로 나오게 된 것은 자신의 꿈을 실현시키기 위해 노력한 한 남자가 있었기 때문이다.

정답
(1) ago Christ → before Christ

해설
ago는 전치사가 아니므로 뒤에 명사를 받을 수 없다

055 문맥이나 어법상 어색한 것을 찾아라

Queueing is (1) <u>what Englishmen enjoy best</u> as a national 'game'. People (2) <u>wait calmly at</u> the bus stop. They often queue for a whole day. An Englishman, even if he is alone, forms a queue in good order. (3) ❶ <u>Nothing is so familiar to the English than queueing.</u> They queue up for evening papers; they queue up just (4) <u>for fun</u>. In short, queueing is their best game to show that they are (5) ❷ <u>a law-abiding nation</u>.

점검하기

❶ no A so (as) B as C : "C만큼 B한 A는 없다(즉 C가 가장 ~ 하다)"

(1) No one is so reticent as my girlfriend.
  내 여자친구만큼 말수가 적은 사람은 없다.
(2) No other man has had so revolutionary an effect on my life as he has.
  그 사람만큼 내 인생에 혁명적 영향을 끼친 사람은 없었다.
(3) I cannot think of any other thing so important as our trust.
  나는 우리의 신뢰만큼 더 중요한 다른 어떤 것도 생각할 수 없다.

❷ 명사 - ing : 명사를 "~하는"

(1) water - pollating
  물을 오염시키는
(2) energy - saving
  에너지를 절약하는
(3) time - consuming
  시간을 소비하는
(4) law - abiding
  법을 준수하는

Queueing is what Englishmen enjoy best as a national 'game'.

People wait calmly at the bus stop. They often queue for a whole day.

An Englishman, even if he is alone, forms a queue in good order.

Nothing is so familiar to the English as queueing. They queue up for evening papers; they queue up just for fun. In short, queueing is their best game to show [that they are a law-abiding nation.]

해석
줄지어 기다리는 것은 영국인들이 국가적 게임으로서 가장 즐기던 것이었다. 사람들은 버스 정류장에서 조용히 기다린다. 그들은 종종 하루 종일 줄을 서기도 한다. 영국인은 비록 혼자라 할지라도 질서 있게 줄을 선다. 영국인에게 줄서기보다 친숙한 것은 없다. 그들은 석간신문을 (사려고) 줄을 서서 기다린다. 그들은 단지 재미삼아 줄을 서기도 한다. 요컨대, 줄서기는 그들이 법을 준수하는 민족임을 보여주는 최고의 게임인 것이다.

정답
(3) Nothing is so familiar to the English than queueing → Nothing is so familiar to the English as queueing

056 문맥이나 어법상 어색한 것을 찾아라

(1) <u>Once upon a time</u> in a far away land, a princess was born. In the middle of the celebration a wicked godmother ❶ appeared and (2) <u>decreed</u> that on her sixteenth birthday the princess would prick her finger on a spinning wheel and (3) <u>fall dead.</u> ❷ Only through the power of a good godmother (4) <u>this dreadful sentence could be reduced</u> from death <u>to</u> (5) <u>a hundred years of sleep.</u>

점검하기

❶ 자동사와 타동사의 공통 부분을 구별할 것

(1) Now many kinds of superior coffee beans are being decaffeinated in ways that conserve strong flavor. But the public suffers from a groundless fear of chemical decaffeination and prefers instead to buy water-processed decaf.
이제 많은 종류의 고급 커피콩이 강한 향을 보존하는 방식으로 카페인이 제거되고 있다.

(2) As it turned out, over 70 percent of the real subjects caved in to groups pressure and said that the medium-length line was the longest.
나중에 밝혀진 것처럼 실제 피실험자의 70퍼센트 이상이 집단의 압력에 굴복해서 중간 길이의 줄이 가장 길다고 말했다.

❷ only + 부사, 부사구, 부사절 + 의문문 어순으로 도치

(1) Only in the water could we avoid the heat.
물속에서만 우리는 열을 피할 수 있습니다.

(2) Only yesterday was I told the news.
어제가 되어서야 내가 그 소식을 들었다.

(3) Only when I am in bed, do I feel happy.
내가 침대에 있을 때에만, 나는 행복을 느낀다.

칼분석 100지문

Once upon a time in a far away land, a princess was born. In the middle of the celebration a wicked godmother appeared and decreed [that on her sixteenth birthday the princess would prick her finger (on a spinning wheel) and fall dead. Only through the power of a good godmother could this dreadful sentence be reduced from death to a hundred years of sleep.

해석
옛날 어느 먼 나라에, 한 공주가 태어났다. 축하 의식 중간에 어느 심술궂은 대모(代母)가 나타나 공주는 16번째 생일 때, 물레에 손이 찔려 쓰러져 죽을 것이라고 선언했다. 오직 착한 대모(代母)의 힘을 통해 이 무시무시한 선고는 죽음에서 백 년간의 잠으로 약해질 수 있었다.

정답
(4) this dreadful sentence could be reduced → could this dreadful sentence could be reduced

057 문맥이나 어법상 어색한 것을 찾아라

After many years of unsuccessful attacks, the Greeks pretended to abandon the siege of Troy, (1) ❶ leaving a huge wooden horse outside the walls of the city of Troy. The Trojans opened the city gate and took it into Troy. ❷ There was more to this gift (2) than met the eye, however, for inside of this horse (3) was Greek soldiers who stole out during the night and (4) let in the Greek army. Needless to say, the Greeks (5) were victorious.

점검하기

❶ leave의 3형식적 해석 : 떠나다, 남기다

(1) I will leave seoul tomorrow.
　　나는 내일 서울을 떠날 거야.
(2) I left nothing for him.
　　나는 그를 위해 아무것도 남기지 않았다.

❷ 선행사가 비교급이면 관계대명사에 than

(1) I have more money than I need.
　　나는 내가 필요로 하는 것보다 더 많은 돈을 가지고 있다.
(2) There are more than meet my eyes.
　　거기에는 내 눈이 마주치는 것 이상의 것들이 있다.

칼분석 100지문

After many years of unsuccessful attacks, the Greeks pretended to abandon the siege of Troy, leaving a huge wooden horse (outside the walls of the city of Troy). The Trojans opened the city gate and took it into Troy. There was more (to this gift) (than met the eye,) however, for inside of this horse were Greek soldiers (who stole out during the night and let in the Greek army.) Needless to say, the Greeks were victorious.

해석
수년에 걸친 성공적이지 못한 공격 끝에, 그리스는 트로이의 외벽에 거대한 목마를 남긴 채 포위 공격을 포기한 척 하고 있었다. 트로이 사람들은 도시 문을 열고 그 목마를 트로이 안으로 들여 놓았다. 하지만 이 선물에는 눈에 보이는 것 보다 많은 것이 있었다. 왜냐하면 이 말 안에는 밤에 몰래 나와 그리스 군대를 안으로 들어오게 한 그리스 병사들이 숨어 있었던 것이다. 말할 것도 없이, 그리스가 승리를 했다.

정답
(3) was → were

해설
Greek soldiers가 주어이므로 복수

058 문맥이나 어법상 어색한 것을 찾아라

I (1) ❶ <u>agreed with them</u> while I read the books, but, ❷ <u>when</u> I had finished (2) <u>reading,</u> I was still the same man (3) <u>that I had been</u> before, incapable of concentrating on the things (4) <u>which</u> they said I should concentrate or of being indifferent to the things (5) <u>to which</u> they said I should be indifferent.

점검하기

❶ **agree with + 사람, to + 생각, on + 합의점, to V.R, that절**
(1) I agree with you.
   나는 네게 동의한다.
(2) I agreed to his idea.
   나는 그의 생각에 동의한다.
(3) I agreed on the date.
   나는 그 날짜에 동의한다.
(4) I agreed to stay here.
   나는 여기에 머물 것에 동의한다.
(5) I agreed that they were the best.
   나는 그들이 최고였다는 것에 동의한다.

❷ **finish, stop, quit + Ving : ~하는 것을 끝내다.**
(1) I'll quit smoking soon.
   나는 담배 피우는 것을 곧 끊을 것이다.

칼분석 100지문

I agreed with them while I read the books, but, when I had finished reading, I was still the same man (that I had been before,) incapable of concentrating on the things (on which they said [I should concentrate]) or of being indifferent to the things (to which they said [I should be indifferent.])

해석
나는 내가 책을 읽는 동안에는 그들(책의 저자들) 말에 동의했었지만, 책 읽는 것을 끝마쳤을 때, 난 여전히 이전(책 읽기 전)과 같은 사람이었다. – 내가 집중을 해야 한다고 그들이(책의 저자들) 말한 것들에 집중을 하지 못하거나, 내가 무관심해야 한다고 그들이 말한 것들에 무관심하지 못하는.

정답
(4) which → on which

해설
concentrate on : ~에 집중하다

059 (A), (B), (C)의 각 네모 안에서 어법에 맞는 표현을 골라 짝 지은 것은?

If your drain leads to the sewer, you may think that you don't have to worry about what goes down your drain, but (A) [something / nothing] is further from the truth. Many of the chemicals ❶ we use in our homes are toxic. The toxic chemicals are not only dangerous to the health of your family, but also can contaminate the water supply when they are dumped down the drain. You may think that they get *diluted enough (B) [to / not to] cause a problem, but that may not be the case. In some cases small amounts of hazardous materials that you can find around your home can ruin one million gallons of water. Many of the municipal water treatment plants rely on bacteria or other organisms to decompose the waste, but some of the toxins can ❷ pass through unchanged. They can kill the bacteria and damage the pipes that carry the water, corroding (C) [it / them].

*diluted 희석된

	(A)	(B)	(C)		(A)	(B)	(C)
(1)	something	to	it	(2)	something	not to	them
(3)	nothing	to	them	(4)	nothing	not to	them
(5)	nothing	not to	it				

점검하기

❶ 명사 S+V (관계사절 후치수식)

❷ 추가보어적 해석 "어떤 상태로 ~하다"
(1) He died young.
그는 젊은 나이로 죽었다
(2) He came back empty-handed.
그는 빈손인 채로 돌아왔다.

칼분석 100지문

If your drain leads (to the sewer), you may think [that you don't have to worry about [what goes down your drain,]] but nothing is further from the truth. Many of the chemicals (we use in our homes) are toxic. The toxic chemicals are not only dangerous to the health of your family, but also can contaminate the water supply when they are dumped down the drain. You may think [that they get *diluted enough not to cause a problem,] but that may not be the case. In some cases small amounts of hazardous materials (that you can find around your home) can ruin one million gallons of water. Many of the municipal water treatment plants rely on bacteria or other organisms to decompose the waste, but some of the toxins can pass through unchanged. They can kill the bacteria and damage the pipes (that carry the water,) corroding them.

해석
우리의 배수관이 하수도에 이른다면, 우리는 그 배수관으로 내려가는 것에 대해 걱정할 필요가 없다고 생각할지 모르지만, 결코 그렇지 않다. 우리의 가정에서 사용하는 많은 화학 물질들은 유독성이다. 유독성 화학 물질들은 가족의 건강에 위험할 뿐 아니라 그것들이 배수관으로 버려질 때 상수도를 오염시킬 수 있다. 그것들이 문제를 일으키지 않을 만큼 충분히 희석된다고 생각할 수 있지만, 그것은 사실이 아닐 수도 있다. 어떤 경우에는 집 안에서 볼 수 있는 위험한 물질의 소량이 백만 갤런의 물을 파괴할 수 있다. 많은 도시들의 물 처리 공장들은 구성물을 분해시키기 위해 박테리아나 다른 유기체들에 의존하지만, 일부 독소들은 변하지 않은 채로 통과할 수 있다. 그것들은 박테리아를 죽이고 물을 운반하는 수도관들을 부식시키면서 피해를 끼칠 수 있다.

정답
④ 번 – (A) nothing   (B) not to   (C) them

비상구 100지문

060 문맥이나 어법상 어색한 것을 찾아라

I, 1096447, predict that human beings will never be able to do even simple tasks such as (1) <u>clean our electronic system</u>. Human beings are much (2) <u>harder to program than even our simplest Z1 computer models</u>. Human beings break down frequently and ❶ need (3) <u>to be refueled</u> more than a thousand times a year. They have (4) <u>to be turned off</u> 365 ❷ times a year and go out of order completely in less than a hundred years and can not be repaired. Usually human beings reject orders and (5) <u>complicated readjustments have to be made</u>.

점검하기

❶ need to be p.p , have to be p.p : 수동형 부정사
(1) She did not need to be told twice.
그녀에게는 되풀이해 말할 필요가 없었다.

❷ times a 단위 : 한 단위 당 몇 번
(1) ten times a day
하루에 10회
(2) He comes here 3 times a week.
그는 일주일에 3번 이곳에 온다.

칼분석 100지문

I, 1096447, predict [that human beings will never be able to do even simple tasks such as cleaning our electronic system. Human beings are much harder to program than even our simplest Z1 computer models. Human beings break down frequently and need to be refueled more than a thousand times a year. They have to be turned off 365 times a year and go out of order completely in less than a hundred years and can not be repaired. Usually human beings reject orders and complicated readjustments have to be made.

해석
나 1096447은 인간들이 우리의 전자 회로를 청소 하는 것과 같은 간단한 업무조차 하지 못할 것이라고 예언한다. 인간들은 우리의 가장 단순한 Z1 컴퓨터 모델 보다 다루기에 훨씬 어렵다. 인간들은 수시로 고장이 나고, 1년에 천 번 이상 연료충전이 필요하다. 그들은 1년에 365번 꺼져야 하고, 100년 도 안되어 완전히 고장이 나며 그러면 고쳐지지도 않는다. 대개 인간들은 명령을 거절하며, 복잡한 재조정이 만들어져야한다.

정답
(1) clean our electronic system → cleaning our electronic system

해설
앞의 tasks 가 명사이므로 such as 뒤에도 명사 상당어가 와야한다. 따라서 동명사가 되어야 한다

비상구 100지문

061 문맥이나 어법상 어색한 것을 찾아라

An astronaut's body goes through unusual changes while he or she is in space and still other changes (1) <u>once back on earth</u>. There is no gravity in space, so the astronaut's heart does not have to pump hard to send blood to the legs and feet. If the heart doesn't work hard, (2) <u>it will shrink somewhat</u>. Astronauts exercise in space ❶ to keep their hearts strong. An astronaut's other muscles are also affected by space travel. One astronaut, (3) ❷ <u>just after landing back</u> on earth, tried to lift a light camera and had a lot of trouble. The astronaut's muscles (4) <u>had not become weaker</u>. His brain was just telling his muscles (5) <u>how hardly to work to lift the camera</u>. His brain thought he was still weightless in space and sent the wrong messages to the muscles.

점검하기

❶ **keep + O + O·C : 목적어를 어떤 상태로 유지하다**

(1) Let's keep it a secret.
그것을 비밀로 지키자.

(2) I kept myself warm by walking up and down.
나는 왔다 갔다 걸어 다님으로써 몸을 따스하게 유지했다.

(3) I am sorry that I have kept you waiting.
기다리게 해서 미안합니다.

❷ ~한 직후
= just after
= right after
= immediately after

An astronaut's body goes through unusual changes while he or she is in space and still other changes once back on earth. There is no gravity in space, so the astronaut's heart does not have to pump hard to send blood to the legs and feet. If the heart doesn't work hard, it will shrink somewhat. Astronauts exercise in space to keep their hearts strong. An astronaut's other muscles are also affected by space travel. One astronaut, just after landing back on earth, tried to lift a light camera and had a lot of trouble. The astronaut's muscles had not become weaker. His brain was just telling his muscles how hard to work to lift the camera. His brain thought [he was still weightless in space] and sent the wrong messages to the muscles.

해석
우주비행사의 몸은 그가 우주에 있을 때 생소한 변화를 겪게 되고, 한번 지구에 돌아오면 여전히 또 다른 변화를 겪게 된다. 우주에는 중력이 없어서 우주비행사의 심장은 혈액을 다리와 발까지 보내기 위해 열심히 뛸 필요가 없다. 만일 심장이 바쁘게 일하지 않는다면, 그것은 얼마간 수축 되어 있을 것이다. 우주비행사들은 그들의 심장을 강하게 유지하기 위해 우주에서 운동을 한다. 우주비행사의 다른 부위의 근육들도 우주여행에 의해 영향을 받는다. 지구에 착륙한 직후의 한 우주 비행사가 가벼운 카메라를 들어 보려고 노력했고 많은 문제를 겪었다. 그 우주비행사의 근육이 약해진 것은 아니었다. 그의 뇌는 근육에게 카메라를 들기 위해 어느 정도 애써야하는지를 말하고 있었다. 그의 뇌는 그가 아직 우주에서의 무중력상태라고 생각하여 근육에게 잘못된 메시지를 보낸 것이다.

정답
(5) how hardly to work to lift the camera → how hard to work to lift the camera

해설
hardly = not   hard = 열심히, 세차게

062 다음 글에서 밑줄 친 부분 중, 어법상 틀린 것은?

Bats are the primary predators of night-flying insects, ❶ playing a vital role in maintaining their balance in nature. One bat eats (1) one-third of its body weight and is able to catch 600 mosquitoes in one hour. And different bat species hunt at different heights, (2) preying on different kinds of insects. The big-sized bats eat various moths and worms (3) that are harmful to agriculture and forestry. The small-sized bats eat mosquitoes and other double-winged insects - carriers of diseases such as malaria. In addition, bats that eat fruit or flowers disperse seeds and pollinate flowers (4) of more than 500 species of tropical trees and shrubs. ❷ If it (5) is not for bats, the harvest of such tropical fruit as bananas and pineapples would decrease by 60%.

점검하기

❶ **play a role(part)** : ~역할을 하다
(1) He **played an important part(role)** in an international conference.
그는 국제회의에서 중요한 역할을 맡았습니다.

❷ **if it were not for A** : 만일 A가 없다면
(1) **If it were not for air and water**, what would the earth be like?.
만일 공기와 물이 없다면 지구는 어떤 모습일까?
(2) **If it were not for computers**, how could we store and retrieve a great deal of information?
만일 컴퓨터들이 없다면, 어떻게 우리는 많은 양의 정보를 저장하고 다시 꺼내어 쓸 수 있을까?

Bats are the primary predators of night-flying insects, playing a vital role in maintaining their balance in nature. One bat eats one-third of its body weight and is able to catch 600 mosquitoes in one hour. And different bat species hunt at different heights, preying on different kinds of insects. The big-sized bats eat various moths and worms that are harmful to agriculture and forestry. The small-sized bats eat mosquitoes and other double-winged insects - carriers of diseases such as malaria. In addition, bats that eat fruit or flowers disperse seeds and pollinate flowers of more than 500 species of tropical trees and shrubs. If it were not for bats, the harvest of such tropical fruit as bananas and pineapples would decrease by 60%.

해석
박쥐는 밤에 날아다니는 벌레를 잡아먹는 주된 육식 동물로 자연에서 그들의 균형을 유지하는 데 중요한 역할을 한다. 박쥐 한 마리는 그 몸무게의 1/3을 먹으며, 한 시간에 600마리의 모기를 잡을 수 있다. 그리고 다양한 박쥐 종들은 다양한 높이에서 사냥을 하며, 다양한 종류의 벌레들을 먹이로 잡아먹는다. 덩치가 큰 박쥐는 농업과 임업에 해로운 여러 나방과 벌레들을 잡아먹는다. 크기가 작은 박쥐들은 모기와 날개가 둘 달린 다른 벌레들, 즉 말라리아 같은 질병들의 매개체들을 잡아먹는다. 게다가 과일이나 꽃을 먹는 박쥐는 씨앗을 퍼뜨리고 500종 이상의 열대 나무들과 관목들의 꽃에 가루받이를 해 준다. 박쥐가 없다면, 바나나와 파인애플 같은 열대 과일들의 수확은 60퍼센트나 감소할 것이다.

정답
(5) is not for bats → were not for bats

해설
if it were not for A 가정법

063 밑줄친 부분 중 어색한 것은?

Do you want to know (1) <u>what oppression really means?</u> Ask an Iraqi who for the first time in decades ❶ <u>gets to</u> make his own decisions about his life. Ask a Sudanese (2) <u>which wife,</u> sister, mother or daughter has been taken away or repeatedly beaten. Ask a Cuban still dripping wet by swimming to a shore somewhere in the Florida Keys and (3) <u>who for the first</u> time in his life feels his feet touch upon the ground where freedom grows. Ask a Cuban (4) ❷ <u>that has lived</u> on soy products for most of his life and (5) <u>that the first time steps into a Costco.</u> You will wipe his tears in spite of yourself.

점검하기

❶ get to V.R : ~하게 되다
(1) I got to understand his logic.
  나는 그의 논리를 이해하게 되었다.
(2) They got to know each other better.
  그들은 서로를 더 잘 알게 되었다.

❷ live on : ~을 먹고 살다
(1) We had no other choice but to live on fruits alone.
  우리는 열매만을 먹고 사는 것 외에 다른 선택의 여지가 없었습니다.

칼분석 100지문

Do you want to know [what oppression really means?] Ask an Iraqi (who for the first time in decades gets to make his own decisions about his life.) Ask a Sudanese (whose wife, sister, mother or daughter has been taken away or repeatedly beaten.) Ask a Cuban still dripping wet by swimming to a shore (somewhere in the Florida Keys) and (who for the first time in his life feels his feet touch upon the ground (where freedom grows.)) Ask a Cuban (that has lived on soy products for most of his life) and (that the first time steps into a Costco.) You will wipe his tears in spite of yourself.

해석
억압이 진정으로 의미하는 바를 알고 싶은가? 수십 년 만에 처음으로 자신의 삶에 대해 스스로 결정을 내릴 수 있게 된 이라크인에게 물어보라. 자신의 부인, 여동생, 어머니, 또는 딸들을 빼앗기거나 자주 구타를 당한 경험이 있는 수단인에게 물어보라. Florida Keys 제도 어딘가 해변을 향해 헤엄쳐서 흠뻑 젖은 상태로 생애 처음으로 자유가 자라는 땅에 자신의 발이 닿는 것을 느끼는 쿠바인들에게 물어보라. 생의 대부분을 콩 제품을 주식으로 삼아 살던, 그리고 생애 처음으로 Costco 라는 거대한 식품매장에 발을 디딘 쿠바인에게 물어보라. 억압이 무엇이었는가를.. 당신은 자신도 모르게 그의 눈물을 닦아 줄 것이다.

정답
(2) which wife → whose wife

해설
소유격관계사 = whose + 명사

064 밑줄친 부분 중 어색한 것은?

Gorillas sometimes cross their arms. (1) <u>So do humans</u>. But ❶ each means something different by this action. Some experts say that people cross their arms in self-defense. People who cross their arms (2) <u>send signals</u> ❷ that they are protecting themselves. But a gorilla with crossed arms is not being defensive. Its crossed arms (3) <u>signal</u> that it does not want to fight. This is a good sign to people who work with gorillas. It lets them (4) <u>know</u> that they can work with the gorilla (5) <u>without harming</u>.

점검하기

❶ each +단수명사

(1) It was an easy task and the correct answer was obvious. However, Asch had secretly instructed all but the last person in each group, who was the real subject of the experiment, to say that the medium-length line was the longest.
그것은 쉬운 일이었고 정답은 명백했다. 하지만, Asch는 그 실험의 실제 피실험자에 해당하는 각 집단의 마지막 사람을 제외한 모든 사람들에게 은밀히 중간 길이의 줄이 가장 길다고 말하도록 지시했다.

(2) For each person there are thousands of opportunities, challenges to expand ourselves.
각 사람에게 있어서 자신을 발전시킬 수 있는 수천 가지의 기회와 도전이 있다.

❷ 명사(the sense / faith / belief / news / thought / fact...) that S V : (동격의 명사절)~라는 명사

(1) We can resist the principle of separate realities and remain frustrated and angry over the fact that no one seems to conform to our way of thinking, or we can strive to understand what in Eastern philosophy is called 'he way of things.'
우리는 개별성의 원리에 저항하고 어느 누구도 우리의 사고방식에 따르지 않는 것처럼 보이는 사실에 계속 실망하고 분노할 수 있다. 혹은 우리는 동양 철학에서 "사물의 방식"이라고 불리는 것을 이해하려고 노력할 수 있다.

(2) Now and again she would glance up at the clock, but without anxiety, merely to please herself with the thought that each minute gone by made it nearer the time when he would come.
가끔씩 그녀는 시계를 힐끗힐끗 보곤 했지만, 불안한 마음은 없었고 단지 일분 일분이 지날 때마다 그가 돌아올 시간이 더 가까워진다는 생각으로 마음은 즐거워졌다.

칼분석 100지문

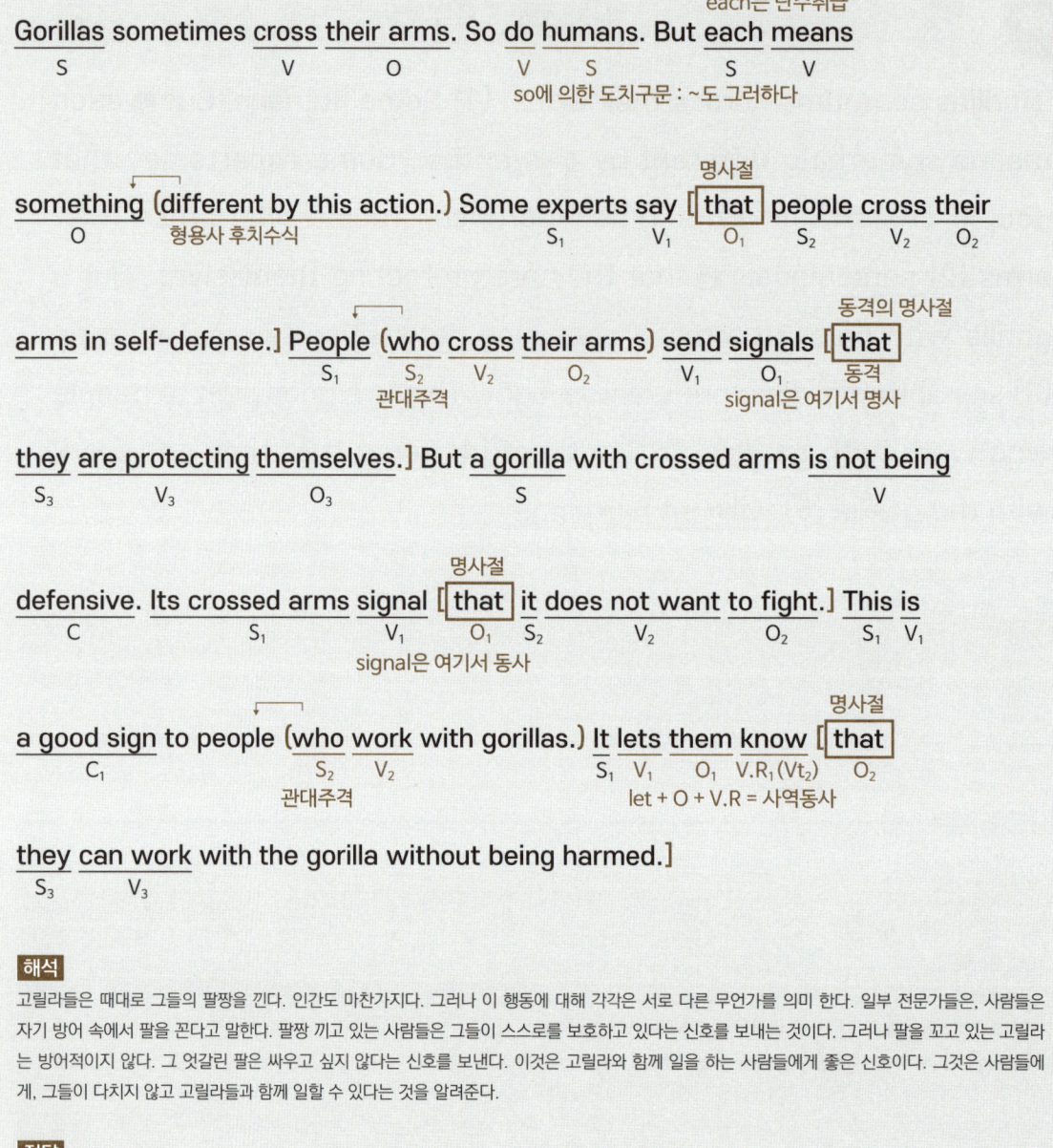

해석
고릴라들은 때때로 그들의 팔짱을 낀다. 인간도 마찬가지다. 그러나 이 행동에 대해 각각은 서로 다른 무언가를 의미 한다. 일부 전문가들은, 사람들은 자기 방어 속에서 팔을 꼰다고 말한다. 팔짱 끼고 있는 사람들은 그들이 스스로를 보호하고 있다는 신호를 보내는 것이다. 그러나 팔을 꼬고 있는 고릴라는 방어적이지 않다. 그 엇갈린 팔은 싸우고 싶지 않다는 신호를 보낸다. 이것은 고릴라와 함께 일을 하는 사람들에게 좋은 신호이다. 그것은 사람들에게, 그들이 다치지 않고 고릴라들과 함께 일할 수 있다는 것을 알려준다.

정답
(5) without harming → without being harmed

해설
해를 입지 않고

065 밑줄친 부분 중 어색한 것은?

Even when I became five years old, I showed no real signal of intelligence. I showed no obvious interest in things except in my toes - especially (1) ❶ <u>that of my left foot</u>. I used to lie on my back all the time in the kitchen and on bright warm days, out in the garden, (2) <u>surrounded by a family</u> that loved me and made me part of their own warmth and humanity. I was lonely, (3) <u>imprisoned in a world</u> of my own, unable to communicate with others, (4) <u>separated from them</u> ❷ <u>as though</u> a glass wall stood between. I longed to run about and (5) <u>play with the rest</u>, but I was unable to free from my bondage.

점검하기

❶ 대명사 that, those

(1) As a consequence, compared to the intensity of the transmitted light, that of the observed light measured by the receiver is increased.
그 결과 전달된 빛의 강도와 비교할 때 수신 장치에 의해 관찰된 빛의 강도는 증가된다.

(2) In urban areas, the percentage of male children with asthma in the 2004-2005 period was lower than that of male children with asthma in the 2000-2001 period.
도시 지역에서는, 2004년에서 2005년 사이에 천식이 있는 남자 아이들의 비율이 2000년과 2001년 사이에 천식이 있는 남자아이들의 그것보다 더 낮다.

❷ as if / as though : 마치 ~ 하듯이

(1) We feel as if the day they entered our school were yesterday, and now they will proudly receive their graduation certificates.
그들이 저희 학교에 입학하던 날이 어제처럼 느껴지는데, 이제 그들은 졸업장을 자랑스럽게 받게 될 것입니다.

(2) But as soon as he puts skis on his feet, it looks as though he had to learn to walk all over again.
그러나 발에 스키를 착용하자마자 그는 걷기를 완전히 다시 배워야만 하는 것처럼 보인다.

칼분석 100지문

Even when I became five years old, I showed no real signal of intelligence.
　　　부사절　S₁　V₁　　　　　　　C₁　　　S₂　V₂　　　　　　O₂

I showed no obvious interest in things except in my toes - especially
S　　V　　　　O　　　　　　　　　　　~을 제외하고
　　　　　　　　　　　　　　*전치사 except
　　　　　　　　　　　　　　특이하게도 바로 뒤에 '부사구, 절, to부정사 (원형부정사 포함)' 등을 이끌 수 있다.

those of my left foot. I used to lie on my back all the time in the kitchen
　　　　　　　　　　　S₁　　V₁
　　　　　　　　　　　　　used to V.R : ~하곤 했다.

and on bright warm days, out in the garden, surrounded by a family
　　　　　　　　　　　　　　　　　　　　　　　　pp 분사구문

(that loved me and made me part of their own warmth and humanity.) I was
　S₂　V₂₋₁　O₂　　　　V₂₋₁　O₂₋₂　　　　　　　O·C₂₋₂　　　　　　　　　　　S₁　V₁
　관대주격

lonely, imprisoned in a world of my own, unable to communicate with
C₁₋₁　　C₁₋₂　　　　　　　　　　　　　C₁₋₃　be unable to V.R : ~할 수 없는
*콤마가 and의 대용으로 계속 되어 사용 됨

others, separated from them as though a glass wall stood between.
　　　　C₁₋₄　　　　　　　마치 ~인 것처럼　　S₂　　　V₂

I longed to run about and play with the rest , but I was unable to free
S₁　V₁　　　　　　　　　　　　　　　　　　　　　　　S₂　　　V₂
　　　　long to V.R : ~하기를 바라다　　　　　절의 병렬　　be unable to = can't

from my bondage.

해석
내가 5살이 되었을 때에도, 나는 지능의 진정한 신호를 보이지 않았다.(지능이 떨어짐) 나는 내 발가락, 특히 왼쪽 발가락 이외에는 물건들에 대한 명확한 호기심을 보이지 않았다. 나는 항상 부엌에서 누워 있곤 했으며, 밝고 따뜻한 날에는 뜰에서 나를 사랑하고 나를 그들의 따뜻함과 인간애의 일부로 만들어 준 가족들에 둘러싸여 있었다. 나는 나만의 세계에 갇혀져 외로웠고, 남들과 사이에 유리벽이 세워진 것처럼 떨어져 있어 함께 지내기 어려웠다. 나는 돌아다니길 원했고, 다른 사람들과 함께 놀고 싶었지만, 난 나의 속박에서 벗어날 수 없었다.

정답
(1) that of my left foot → those of my left foot
해설
those를 받으므로 복수

066 밑줄친 부분 중 어색한 것은?

Light pollution is a growing problem worldwide. Like other forms of pollution, light pollution degrades the quality of the environment. Where once ❶ it was possible (1) <u>to look up at the night sky and see thousands of</u> (2) <u>twinkling stars</u> in the inky blackness, one now sees (3) <u>a little more than the yellow glare of urban sky glow</u>. When we can not see the vastness of the universe (4) ❷ <u>by looking up at the night sky,</u> we lose something (5) <u>profoundly important to the human spirit,</u> our sense of wonder.

점검하기

❶ look과 see의 차이점

❷ by ~ing: ~함으로써

(1) Some of us have faith that we shall solve our dependence on fossil fuels **by developing** new technologies for hydrogen engines, wind energy, or solar energy.
우리들 중 일부는 수소엔진, 풍력에너지, 또는 태양에너지를 얻기 위한 새로운 기술을 개발함으로써 화석연료에 대한 의존을 해결할 거라는 믿음을 가지고 있다.

(2) Make writing as easy for you as you can **by not being concerned** with how good the first draft is.
초고가 얼마나 좋으냐에 대해 상관하지 않음으로써 당신이 할 수 있는 한 글쓰기를 쉬운 것으로 만들어라. 당신이 나중에 추구하기를 원하는 생각들을 교정하고 다듬을 시간이 있을 것이다.

칼분석 100지문

Light pollution is a growing problem worldwide. Like other forms of
　　S　　　　V　　　　　C　　　　　　　　　　　전치사 Like = ~처럼

pollution, light pollution degrades the quality of the environment. Where
　　　　　　　　S　　　　　V　　　　O　　　　　　　　　　　　부사절 접속사
　　　　　　　　　　　　　　　　　　　　　　　　　　　　　　　(~한 곳에서)

once it was possible to look up at the night sky and see thousands
한 때　가S_1 V_1 C_1　진S_{1-1}　　　　　　　　　　진S_{1-2}　O_{1-2}

of twinkling stars in the inky blackness, one now sees little more
　　　　　　　　　　　　　　　　　　　　　　S_2　　V_2　　O_2

than the yellow glare of urban sky glow. When we can not see the vastness
　　　　　　O·C_2　　　　　　　　　　　　　　S_1　　V_1　　　　O_1
　　　　　　(V.R)

of the universe by looking up at the night sky, we lose something
　　　　　　　　by ing = ~함으로써　　　　　　　S_2 V_2　O_2

profoundly important to the human spirit, our sense of wonder.
　　　　　　　　형용사 후치수식　　　　　　　　앞의 명사 부연 설명

해석
불빛 공해는 세계적으로 심각해지고 있는 문제다. 여러 다른 형태의 공해처럼, 불빛 공해는 환경의 질을 떨어뜨린다. 한 때 밤하늘을 올려다 보면, 잉크처럼 새까만 어둠속에 반짝이는 수많은 별들을 볼 수 있었던 곳에서, 이제는 (당신은) 도시 하늘의 노란 섬광이 빛나는 것 이상은 거의 볼 수가 없다. 우리가 밤하늘을 올려다봄으로써 우주의 광대함을 느낄 수 없게 될 때, 우리는 인간의 정신에 매우 중요한 무언가, 즉 경이감을 잃게 되는 것이다.

정답
(3) a little more than the yellow glare of urban sky glow → little more than the yellow glare of urban sky glow

해설
a little : 긍정
little : 부정

밑줄친 부분 중 어색한 것은?

People have always had the desire ❶ to look more beautiful and fashionable. (1) Whatever their age, size, or shape, people have followed fashion in order (2) to look more attractively. In the 1800s, for example, American women in New York began to admire the fashions of Paris. In fact, French fashions were once (3) so popular that American dressmakers used to change their names to French ones! In the 1700s, height and weight became an important part of beauty. ❷ During the time of the French Revolution, many women used to wear corsets, belts that made their waists (4) appear much slimmer. Today we still think of the ideal person as tall and slim. But, nowadays, men and women who want to change their body shapes don't need to wear uncomfortable clothing. Instead, they can choose cosmetic surgery to reshape their bodies or (5) to remove body fat.

점검하기

❶ look + 형용사 : ~한 상태로 보이다

(1) He looks well. 그는 건강해 보인다.	(2) You look much better. 당신은 한결 좋아 보인다.
(3) He looked pleased. 그는 즐거워 보였다.	(4) He looked pleasing. 그는 즐겁게 해주는 사람으로 보였다.

❷ during A: A의 기간 동안에

(1) Of all age groups, the enrollment rate for youth ages 7 – 13 was the highest during the entire period covered by the graph.
모든 연령 집단 가운데 7세에서 13세 사이의 어린 연령층의 취학률은 그래프에 포함된 전체 기간 동안 가장 높았다.

(2) First, turn the sound down on the TV set for one minute during your favorite program.
우선, 당신이 가장 좋아하는 프로그램을 하는 동안에 1분 동안 TV 소리를 줄여라.

(3) Night diving is obviously less simple than diving during the day, but when properly organized, it is relatively straightforward.
야간 잠수는 주간 잠수보다 확실히 덜 단순하기는 하지만 적절히 준비를 하면 비교적 간단하다.

칼분석 100지문

People have always had the desire (to look more beautiful and fashionable.) Whatever their age, size, or shape, people have followed fashion in order to look more attractive. In the 1800s, for example, American women in New York began to admire the fashions of Paris. In fact, French fashions were once so popular that American dressmakers used to change their names to French ones! In the 1700s, height and weight became an important part of beauty. During the time of the French Revolution, many women used to wear corsets, belts (that made their waists appear much slimmer.) Today we still think of the ideal person as tall and slim. But, nowadays, men and women (who want to change their body shapes) don't need to wear uncomfortable clothing. Instead, they can choose cosmetic surgery to reshape their bodies or to remove body fat.

해석
사람들은 항상 더 아름답고 패셔너블하게 보이려는 욕망을 가지고 있다. 그들의 나이, 사이즈, 외모가 어떻든지 간에 사람들은 좀 더 매력적으로 보이기 위해 유행을 따라왔다. 예를 들면, 1800년대 뉴욕에 사는 미국 여성들은 파리의 패션을 찬양하기 시작했다. 사실, 프랑스의 패션은 미국 의류제조자들이 그들의 이름을 프랑스식 이름으로 바꾸곤 했을 정도로 매우 유명했다. 1700년대에는, 신장과 체중이 아름다움의 중요한 요소가 되었다. 프랑스혁명이 일어난 시기에 많은 여성들이 그들의 허리를 훨씬 가늘게 보이게 하는 벨트인 코르셋을 착용했다. 오늘날 우리는 여전히 이상적인 사람을 키가 크고 날씬한 사람이라고 생각한다. 하지만 요즘, 자신들의 체형을 바꾸고자 하는 사람들은 불편한 옷을 입지 않아도 된다. 그 대신, 사람들은 그들의 체형을 다시 만들거나 혹은 체지방을 제거하기 위해 미용 수술을 선택할 수 있다.

정답
(2) to look more attractively → to look more attractive
해설 look 동사의 보어로 형용사

068 밑줄친 부분 중 어색한 것은?

On an island in the Indian Ocean, people honor (1) <u>the dead</u> by treating them as if (2) <u>they were still alive</u>. For example, dead bodies are often removed from tombs and (3) <u>dressed in new clothes</u>. Then (4) <u>before burying again</u>, the bodies ❶ may be danced with, (5) <u>sung to</u> and given tours of their old neighborhoods.

점검하기

❶ 조동사 be + pp 수동태
(1) There are some people who believe that no one should be trusted.
  신뢰할 사람이 아무도 없다고 믿는 일부 사람들이 있다.
(2) The habit of scratching can be replaced with rubbing in some lotion or patting with the palm of the hand.
  긁는 습관은 로션으로 문지르거나 손바닥으로 가볍게 치는 것으로 대체될 수 있을 것이다.
(3) What disturbs me is the idea that good behavior must be reinforced with incentives.
  나를 혼란스럽게 하는 것은 좋은 행동이 자극으로 강화될 수 있다는 생각이다.

칼분석 100지문

On an island in the Indian Ocean, people honor the dead by treating them as if they were still alive. For example, dead bodies are often removed from tombs and dressed in new clothes. Then before being buried again, the bodies may be danced with, sung to and given tours of their old neighborhoods.

해석
인도양의 한 섬에서, 사람들은 죽은 사람들에 대해 그들이 마치 여전히 살아있는 것처럼 대함으로써 존경을 표한다. 예를 들어, 사체들은 종종 무덤으로부터 꺼내어져 새 옷으로 입혀진다. 그리고서 다시 묻히기 전에, 그 사체는 춤 춰지고, 노래 불러 지며, 그들의 옛 이웃들에 대한 순회여행이 주어지기도 한다.

정답
(4) before burying again → before being buried again

069 밑줄친 부분 중 어색한 것은?

You can see (1) <u>why it's a good idea to take a compass on a hike.</u> But suppose (2) <u>you don't have one,</u> or (3) <u>forgot it, or dropped it?</u> Are you in trouble? Maybe but not (4) <u>if you know</u> ❶ <u>few things</u> about nature. When you are in the woods, take a look at the bottoms of some tree trunks. Do you notice that one side of the trunks has more green moss on it than (5) <u>the other sides?</u> Moss likes to grow where the sun doesn't shine. In our country, the sun never shines from the north side of tree trunks. So, if you are in the woods, you can find north by finding the moss on the trunks.

점검하기

❶ few + 복수명사 : 거의 없다 / a few 복수명사 : 조금 있다

(1) After a few steps she turned around, and from where the professional three-point line must be now, she effortlessly flipped the ball up in the air, its flight truer and higher than I'd witnessed from any boy or man.
몇 걸음을 뗀 후에 어머니는 몸을 돌렸고, 이제 프로 3점슛 라인임이 틀림없는 곳에서 그녀는 힘들이지 않고 공을 공중으로 가볍게 던졌는데 그 공의 궤적은 내가 목격한 어떠한 소년이나 성인 남자로부터의 것보다 더 정확하고 높았다.

(2) There are few people who do not react to music to some degree.
어느 정도로라도 음악에 반응하지 않는 사람은 거의 없다.

(3) A few more questions followed, but all were answered in one of three ways: "Yes." "No." or "I don't know."
그 뒤로도 몇 개의 질문을 더 했지만 모든 질문에 그는 "네." "아니오." 혹은 "모릅니다."라는 세 가지 방법 중 하나로 대답했다.

칼분석 100지문

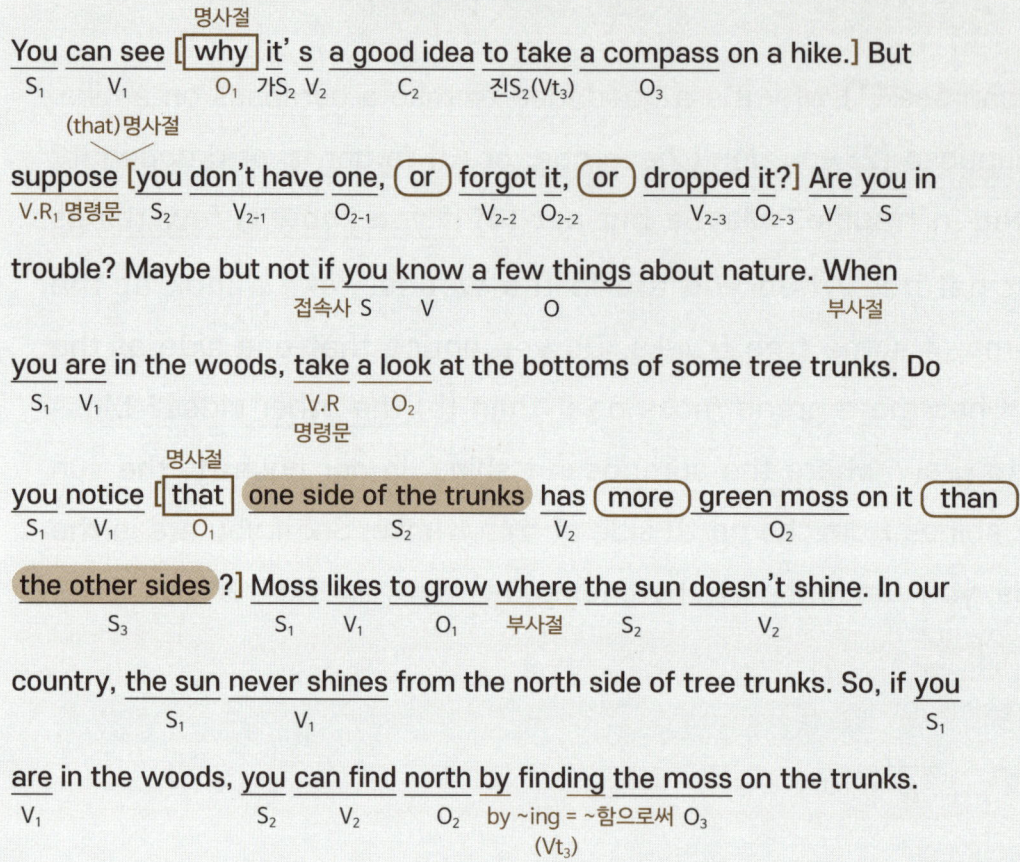

해석

당신은 하이킹에 나침반을 가져가는 것이 왜 좋은 방법인지 알 수 있을 것이다. 하지만 당신이 나침반을 가지고 있지 않거나, 깜박했거나, 잃어버렸다고 가정해 보아라. 당신은 곤란에 처하겠는가? 그럴지도 모르겠지만, 당신이 자연에 대해 몇 가지를 알면 그렇지 않을 수도 있다. 당신이 숲 속에 있다면, 몇몇 나무의 밑 둥을 보아라. 당신은 밑둥 한쪽 부분에 다른 쪽 부분보다 더 많은 이끼가 있다는 것을 알 수 있겠는가? 이끼는 태양이 비치지 않는 곳에서 자라는 것을 좋아한다. 우리나라에서는, 태양은 나무본체의 북쪽으로부터는 비치지 않는다. 그래서 당신이 숲 속에 있다면, 밑 둥의 이끼를 찾음으로써 북쪽을 알아낼 수 있다.

정답

(4) if you know few things → if you know a few things

해설

few : 부정
a few : 긍정

070 다음 글에서 밑줄 친 부분 중, 어법상 틀린 것은?

International Women's Day originated at an international congress in 1910 in Copenhagen, Denmark. At that congress, a woman from Germany named Clara Zetkin suggested (1) <u>setting aside</u> a day each year that would be dedicated to (2) <u>fighting</u> for equal rights for women all over the world. Zetkin proposed March 8th ❶ as this day because this was the anniversary of the first protest march (3) <u>against</u> the terrible working conditions in 1857. At that time, the bad working conditions pushed many women to begin to fight (4) <u>against</u> the right ❷ to vote and improved working conditions. Their enthusiasm (5) <u>gave life to</u> the entire movement for women's rights.

점검하기

❶ as : 전치사로 쓰일 때 '~로서' 자격을 의미하는 전치사

(1) Although most people recognize it as a jewel, the diamond most directly affects our daily lives as a tool.
많은 사람들은 그저 보석으로만 보지만, 다이아몬드는 도구로써 우리들의 삶에 많은 영향을 주고 있다.

(2) Ball playing was thought of mainly as a way to teach young men the speed and skill they would need for war.
공놀이는 젊은이들에게 그들이 전쟁에서 필요한 속도와 기술을 가르치는 주된 방법으로써 여겨졌다.

❷ to V.R의 명사 후치수식 : ~하는, ~할

(1) I have had the opportunity to look them over, and I feel that they show considerable promise, despite your youth and lack of experience in this genre.
제가 그것들을 살펴볼 기회를 가졌고, 저는 당신의 젊음과 이 장르에 대한 경험 부족에도 불구하고 그것이(그 시들이) 상당한 유망성을 가지고 있다고 느낍니다.

(2) Many also offer patients a chance to get their hands dirty and their minds engaged in caring for plants.
그것들은 환자의 손에 흙을 묻힐 기회를 제공하고 그들의 마음을 식물 가꾸는데 쏟을 수 있게 해줍니다.

International Women's Day originated at an international congress in 1910 in Copenhagen, Denmark. At that congress, a woman from Germany (named Clara Zetkin) suggested setting aside a day each year (that would be dedicated to fighting for equal rights for women all over the world.) Zetkin proposed March 8th as this day because this was the anniversary of the first protest march against the terrible working conditions in 1857. At that time, the bad working conditions pushed many women to begin to fight for the right (to vote) and improved working conditions.) Their enthusiasm gave life to the entire movement for women's rights.

해석
국제 여성의 날은 1910년 덴마크의 코펜하겐에서 열린 국제회의에서 탄생하였다. 그 회의에서, 독일 출신의 여성. Clara Zetkin은 매년 전 세계에 걸쳐 여성의 동등한 권리를 위한투쟁을 기릴 하루를 따로 정하자고 제안했다. Zetkin은 그 날을 3월 8일로 할 것을 제안했는데, 그 이유는 그 날이 1857년 끔찍한 작업환경에 대항한 첫 저항 행진의 기념일이었기 때문이다. 그 시기에, 많은 여성들은 열악한 작업 환경 때문에 그들의 선거할 권리와 개선된 작업 환경을 위한 투쟁을 시작하게 된다. 그들의 열정은 여성의 권리를 위한 모든 운동에 생명력을 불어넣게 된다.

정답
(4) against → for

해설
fight for : ~을 얻기 위해 싸우다

071 — 밑줄친 they가 가리키는 것은?

<u>They</u> are among the oldest devices for harnessing energy. At one time, farmers across the country used them to (A) [pump / pumping] water and generate electricity. They were replaced by electric power (B) [generating / generated] by burning fossil fuels. Modern wind turbines ❶ are being developed and used to generate electric power. In some areas, large numbers of the turbines are grouped together in ❷ what is called a wind farm. One problem with the wind power is (C) [storage / storing] the electricity for use on windless days.

(1) power plants (2) satellites (3) weathercocks
(4) windmills (5) weather balloons

	(A)	(B)	(C)		(A)	(B)	(C)
(1)	pump	generating	storage	(2)	pump	generated	storing
(3)	pumping	generated	storing	(4)	pumping	generating	storing
(5)	pump	generated	storing				

점검하기

❶ be being pp : ~되는 중이다 (진행 수동)

(1) Now many kinds of superior coffee beans are being decaffeinated in ways that conserve strong flavor.
　이제 많은 종류의 고급 커피콩이 강한 향을 보존하는 방식으로 카페인이 제거되고 있다.

(2) When they thought they were alone (though they were being taped by a secret camera) their faces twisted into vivid mixes of uncomfortable feelings.
　그들이 혼자 있다고 생각했을 때에는 (비록 그들은 비밀 카메라로 촬영되고 있는 중이었지만) 불편한 감정이 생생하게 뒤범벅이 되어 그들의 얼굴은 뒤틀려 있었다.

❷ what (S) + V : ~하는 것(명사) (what이 유도하는 명사절)

(1) When starting, don't worry about what the reader will think about what you have written.
　시작하게 되면, 읽는 사람이 당신이 쓴 것에 대해 어떻게 생각할지에 대해 걱정하지 마세요.

(2) And they developed what were probably the first balls.
　그리고 그들은 어쩌면 최초의 공일 수도 있는 것을 개발했다.

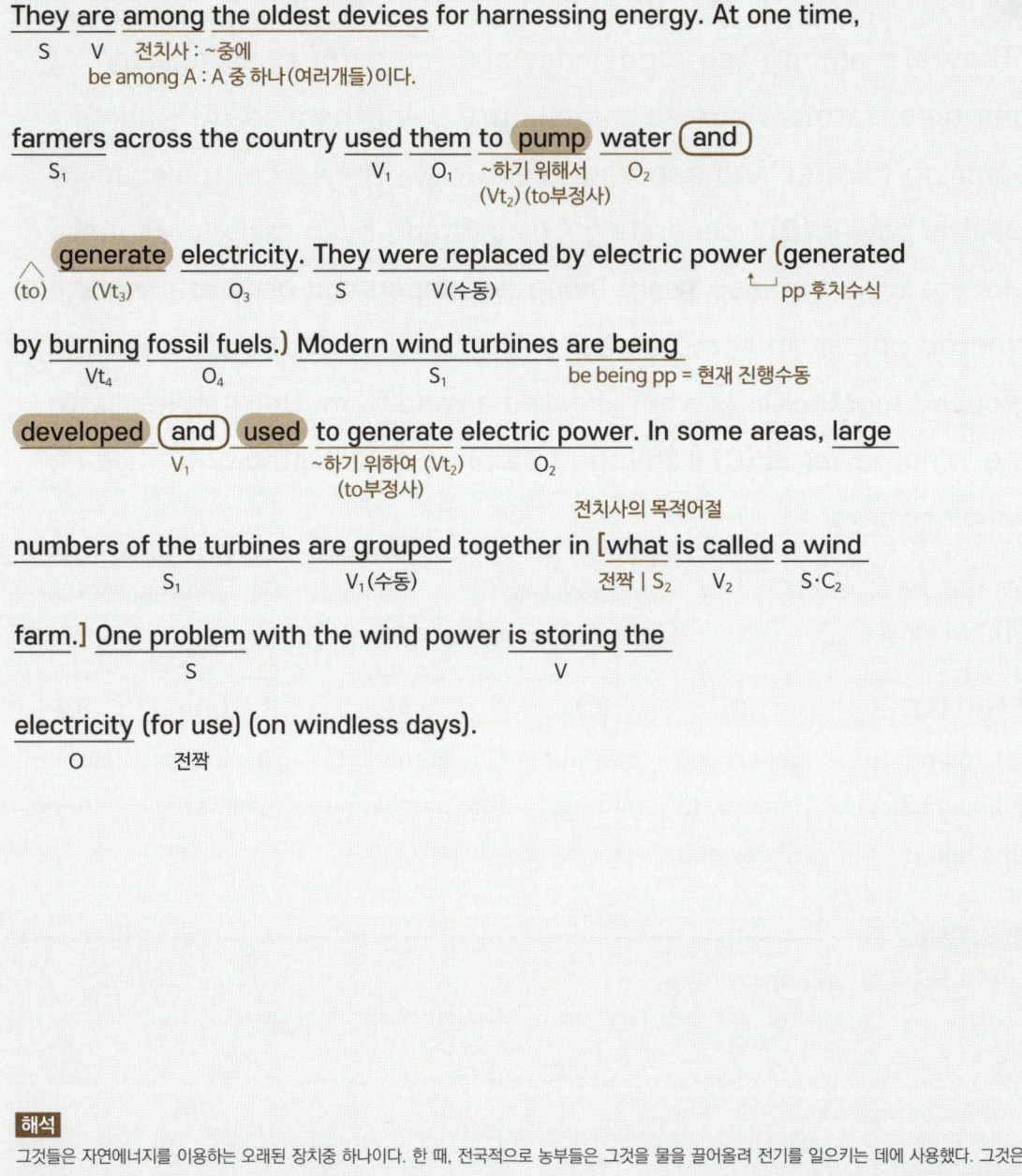

[해석]
그것들은 자연에너지를 이용하는 오래된 장치중 하나이다. 한 때, 전국적으로 농부들은 그것을 물을 끌어올려 전기를 일으키는 데에 사용했다. 그것은 화석연료를 연소시킴으로써 발생되는 전력에 의해 대체되었다. 근대식 바람 터빈이 개발되고, 전기를 생산하는 데에 쓰이게 되었다. 일부 지역에서는 많은 수의 터빈들이 바람농장이라 불리는 곳에 함께 위치하게 되었다. 풍력발전의 한 가지 문제는 바람 없는 날에 쓰기 위한 전기를 저장하는 일이다.

[정답]
(4) windmills
⑤ 번 – (A) pump   (B) generated   (C) storing

072

(A), (B), (C)의 각 네모 안에서 어법에 맞는 표현을 골라 짝 지은 것은?

In (A) [the 1920s / 1920s], Mohandas Gandhi showed the people of India how to use Henry David Thoreau's ideas about "civil disobedience," the refusal to comply with unjust laws and policies as a peaceful form of political protest, to win their country's independence from the British Empire. In 1955, Martin Luther King led a bus boycott in Alabama ❶ (B) [founded / found] on the principles of civil disobedience, which led to the civil rights movement of the 1960s. During that same decade, people who opposed the Vietnam War engaged in peaceful demonstrations modeled on Thoreau's ideas. ❷ Since the 1970s, opponents of nuclear weapons and nuclear power (C) [use / have used] civil disobedience tactics for their protests at test sites and power plants.

	(A)	(B)	(C)		(A)	(B)	(C)
(1)	the 1920s	found	use	(2)	the 1920s	found	have used
(3)	1920s	founded	use	(4)	the 1920s	founded	have used
(5)	1920s	founded	have used				

점검하기

❶ 과거분사 후치수식 → 명사+과거분사구 : ~되는 명사

(1) Floppy Barrow is a game invented by Phil and Alan Grace, and Tim Inglis in South Australia.
Floppy Barrow는 남 호주에 사는 Phil과 Alan Grace, 그리고 Tim Inglis에 의해 발명된 게임이다.

(2) All this is part of expected ways of behaving in our social life, but it is not something that we can apply in formal institutions governed by hard-and-fast rules.
이 모든 것은 우리의 사회적인 삶에서 예상되는 행동 방식들의 일부분이다. 그러나 이것이 우리가 엄격한 법률에 의해 지배받는 공식적인 제도로 적용할 수 있는 것은 아니다.

❷ since A : A 이래로, 주절의 시제는 완료나 완료 진행

(1) He had been longing for it since his childhood.
그는 어린 시절부터 그곳을 동경해왔다.

(2) Since his time, we have learned that light waves are characterized by different frequencies of vibration.
그가 살던 시대 이후로 우리는 빛의 파장이 다양한 진동의 주파수로 특징지어진다고 알아왔다.

칼분석 100지문

In the 1920s, Mohandas Gandhi showed the people of India how to use Henry David Thoreau's ideas about "civil disobedience," the refusal (to comply with unjust laws and policies) as a peaceful form of political protest, to win their country's independence from the British Empire. In 1955, Martin Luther King led a bus boycott in Alabama (founded on the principles of civil disobedience,) (which led to the civil rights movement of the 1960s. During that same decade, people (who opposed the Vietnam War) engaged in peaceful demonstrations (modeled on Thoreau's ideas.) Since the 1970s, opponents of nuclear weapons and nuclear power have used civil disobedience tactics for their protests at test sites and power plants.

해석
1920년대에 Mohandas Gandhi는 대영 제국으로부터 국가의 독립을 쟁취하기 위해 부당한 법과 정책을 평화적인 정치 항의 형태로서 따르지 않는 Henry David Thoreau의 '시민 불복종' 사상을 사용하는 법을 인도 국민들에게 가르쳐 주었다. 1955년에 Martin Luther King은 시민 불복종 원칙을 기반으로 Alabama에서 버스 배척 운동을 이끌었는데, 이것이 1960년대의 민권 운동이 되었다. 1960년대에 베트남 전쟁에 반대했던 사람들이 Thoreau의 사상에 바탕을 두고 평화 시위에 참여했다. 1970년대 이래로 핵무기와 원자력의 반대자들은 실험 장소 위치와 원자력 발전소에 대한 항의로 시민 불복종 전술을 사용해 왔다.

정답
④ 번 – (A) the 1920s   (B) founded   (C) have used

해설
(A) 연대 = the 연도 + s

073 'I'의 심경으로 가장 적절한 것은?

I was sitting with (A) [a friend of mine / a my friend] at dinner. I played a joke on her and she burst out laughing. Then, suddenly, she wasn't laughing any more, or making any sound at all. Her eyes seemed about to pop out of her head; her face turned pale and then blue. Finally, she collapsed over her plate. I rushed to her side, ❶ trying to figure out (B) [that / what] went wrong. Then I realized ❷ what (C) [happens / had happened]. She had choked on a piece of food that went down the wrong way. I started to pound her on the back.

(1) terrified   (2) irritated   (3) triumphant
(4) relieved   (5) amused

	(A)	(B)	(C)		(A)	(B)	(C)
(1)	a friend of mine	that	happens	(2)	a friend of mine	what	happens
(3)	a my friend	what	had happened	(4)	a my friend	that	had happened
(5)	a friend of mine	what	had happened				

점검하기

❶ 분사구문, 연속동작 : 그리고 ~하다

(1) Some heroes shine in the face of great adversity, performing amazing deeds in difficult situations.
어떤 영웅은 큰 역경과 마주칠 때 빛나며 어려운 상황에서 놀라운 공적을 해낸다.

(2) A powerful flashlight will easily light your way and the creatures around you, revealing marine life in its true colors.
강력한 라이트는 쉽게 당신의 길과 주위의 생물들을 비춰주어, 해양 생물의 본연의 색상을 드러내 줄 것입니다.

❷ V1 + what + S2 + V2 : S가 ~하는 것을 V1하다.

(1) I just did not know what the word really implied.
저는 그 단어가 정말로 암시하는 것을 몰랐을 뿐입니다.

(2) It is nice to have what you want when you want it, but the ability to delay satisfaction is important.
원하는 것을 원할 때 갖는 것은 좋은 일이지만, 만족을 지연하는 능력은 중요하다.

(3) The first appearance of a shining star in a darkening evening sky can take you out into the universe if you combine what you see with the twin facts that the star is merely one of the closest of the galaxy's 200 billion stars and that its light began traveling decades ago.
어두운 저녁 하늘에서 빛나는 별의 첫 모습은 우리가 보는 것을, 그 별이 단지 은하계의 2천억 개의 별들 중 가장 가까운 별들 중 하나라는 것과 그것의 빛이 수십 년 전에 이동하기 시작했다는 두 가지 사실과 결합시키면 우리를 우주 밖으로 데려갈 수 있을 것이다.

칼분석 100지문

I was sitting with a friend of mine at dinner. I played
S   V   S₁ V₁

a joke on her and she burst out laughing. Then, suddenly, she wasn't
O₁   절의 병렬 S₂ V₂(타동사구) O₂   S₁

laughing any more, or making any sound at all. Her eyes seemed about
V₁₋₁   V₁₋₂   O₁₋₂   S₁   V₁   임박한(형)

to pop out of her head; her face turned pale and then blue. Finally, she
숙어적 부정사   S₂   V₂   C₂₋₁ 그 다음에는 C₂₋₂   S
be about to V.R

collapsed over her plate. I rushed to her side, trying to figure out
V   S₁ V₁   분사구문   Vt₂
                                              : ~하면서 try to : ~하려고 애쓰다

[what went wrong.] Then I realized [what had happened.] She had
O₂|S₃ V₃ C₃   S₁   V₁   O₁|S₂   V₂   S₁

choked on a piece of food (that went down the wrong
V₁   S₂   V₂
                         관대주격

way.) I started to pound her on the back.
     S₁ V₁   O₁(Vt₂) O₂

해석
나는 한 친구와 같이 앉아서 저녁식사를 하고 있었다. 나는 그녀에게 장난삼아 농담을 하였고 그녀는 갑자기 웃기 시작했다. 그리고는 갑자기 그녀는 더 이상 웃지 않나 했더니 전혀 아무 소리도 내지 않는 것이었다. 그녀의 눈이 머리에서 튀어나올 것 같이 보였다. 그녀의 얼굴은 창백해 졌으며 새파래졌다. 끝내 그녀는 접시위로 쓰러지고 말았다. 나는 서둘러 그녀 옆으로 가서 무엇이 잘못되었는지 알아보려 했다. 잠시 후 나는 무슨 일이 일어난 것인지를 알았다. 그녀는 잘못 내려간 음식 조각에 질식한 것이었다. 나는 그녀의 등을 세게 두드리기 시작했다.

정답
(1) terrified
⑤ 번 – (A) a friend of mine   (B) what   (C) had happened

074 (A), (B), (C)의 각 네모 안에서 어법에 맞는 표현을 골라 짝 지은 것은?

As you may expect, it takes longer to cook food at lower temperatures. Inversely, if we maintain a high temperature, food cooks faster. Most foods have a considerable amount of water, and are cooked in water. How (A) [hot this water / this water is hot] can get depends on the surrounding pressure. At sea level, water boils at 100℃ and cannot get hotter (it will evaporate instead.). At higher elevations, ❶ where air pressure is less than at sea level, water boils at (B) [higher / lower] temperatures, and cannot get ❷ as hot as at the sea level temperature of 100℃. That is why it takes longer to (C) [prepare for / prepare] food high up in the mountains.

	(A)	(B)	(C)		(A)	(B)	(C)
(1)	hot this water	higher	prepare for	(2)	hot this water	higher	prepare
(3)	this water is hot	lower	prepare for	(4)	this water is hot	higher	prepare
(5)	hot this water	lower	prepare				

점검하기

❶ 명사 + where S + V (관계사절 후치수식)

(1) I know a beautiful barn where the corners are not at right angles.
   나는 모퉁이들이 바른 각도에 있지 않은 어떤 아름다운 헛간을 알고 있다.

(2) Two irresistibly romantic gardens—the Villa Rufolo and the Villa Cimbrone—justify its reputation as 'the place where poets go to die.'
   두 개의 사랑스럽도록 낭만적인 정원들—Villa Rufolo와 Villa Cimbrone—은 '시인들이 죽기 위해 가는 곳'으로서의 그 명성을 정당화해 준다.

❷ as 형, 부 as : ~만큼 ~한

(1) Cultures as diverse as the Japanese, the Guatemalan Maya, and the Inuit of Northwestern Canada practice it.
   일본인들, 과테말라의 마야인들, 그리고 북서 캐나다의 이뉴잇족과 같은 다양한 문화권에서는 그것을 행한다.

(2) In fact, many of us don't even get as far as the supermarket but make our choices at the click of a mouse.
   사실, 우리들 중 많은 사람들은 심지어 슈퍼마켓까지 가지도 않고 다만 마우스 클릭으로 선택을 한다.

As you may expect, it takes longer to cook food at lower temperatures.
접속사 S₁ V₁ S₂ V₂ 시간 toV.R(Vt₃) O₃
~하듯이   take + 시간 + toV.R = toV.R 하는데 시간이 걸리다

Inversely, if we maintain a high temperature, food cooks faster. Most foods
        S₁ V₁   O₁   S₂   V₂   S₁

명사절 주어 (S₁)
have a considerable amount of water, and are cooked in water. [How
V₁₋₁   O₁₋₁   V₂₋₁   How 형/부
                                                                = '얼마나 ~한지'로 해석

hot this water can get] depends on the surrounding
    S₂   V₂   V₂(타동사구)   O₂

                                                          부연설명
pressure. At sea level, water boils at 100℃ and cannot get hotter (it will
                         S₁   V₁₋₁   V₁₋₂   C₁₋₂   S₂

evaporate instead..) At higher elevations, where air pressure is less than
V₂   장소의 부사절 S₁   V₁ C₁

at sea level, water boils at lower temperatures, and cannot
              S₂   V₂₋₁

get as hot as at the sea level temperature of 100℃. That is [why it takes
V₂₋₂ ~만큼 ~한   S₁ V₁ C₁ S₂ V₂
                                                          That is why : 그 이유는 ~이다

longer to prepare food high up in the mountains.]
시간   toV.R(Vt₃) O₃
 it take 시간   toV.R

해석
여러분이 예상하듯이, 더 낮은 온도에서 요리를 하면 시간이 더 오래 걸린다. 반대로, 높은 온도를 유지하면 음식은 더 빨리 요리된다. 대부분의 음식에는 상당한 양의 물이 들어 있고, 물 속에서 요리된다. 이 물이 얼마나 뜨거워질 수 있는가는 주변의 압력에 달려 있다. 해수면(해발 0미터)에서 물은 섭씨 100도에서 끓고 더 뜨거워질 수 없다(대신에 증발할 것이다). 기압이 해수면에서보다 더 작은 곳인 더 높은 곳에서는 물이 더 낮은 온도에서 끓고, 해수면에서의 섭씨 100도까지 뜨거워질 수 없다. 그렇기 때문에 산의 높은 곳에서 음식을 하는 데 시간이 더 오래 걸린다.

정답
⑤ 번 – (A) hot this water   (B) lower   (C) prepare

비상구 100지문

075 다음을 읽고 빈칸에 가장 알맞은 것을 고르시오

Scientists are able to help the police in their investigations. By comparing a suspect's DNA pattern with (A) [that / those] of a sample found at the scene of a crime, they can say accurately (B) ❶ [that / whether] the person was at the scene. This can ❷ help (C) [establish / establishing] guilt or innocence. It is estimated that only two people in every ten billion may have identical DNA. Since the entire population of the world is only about six billion, it is safe to say that each person's DNA fingerprint is _____.

(1) unique   (2) useless   (3) valuable
(4) identical   (5) mysterious

	(A)	(B)	(C)		(A)	(B)	(C)
(1)	that	that	establish	(2)	that	whether	establish
(3)	those	whether	establish	(4)	those	whether	establishing
(5)	that	that	establishing				

점검하기

❶ 타동사 + if / whether S + V (or not) : ~인지 아닌지

(1) One Saturday during the summer, I asked my father if he would go down to the schoolyard and play basketball with me.
여름의 어느 토요일에 나는 아버지께 학교 운동장에 가서 나와 농구를 해주실 수 있는지 물었다.

(2) Parents should therefore take care when they send their children to a sports camp, and should talk with the sports coaches to see if they will respect the children's wishes.
그러므로 부모들은 자녀들을 스포츠 캠프에 보낼 때 유의해야 하고, 운동 코치들이 자녀들이 바라는 것을 존중할 것인지를 확인하기 위해 운동 코치들과 상담해야 한다.

(3) Your past experience gives you the basis for judging whether your instincts can be trusted.
여러분의 과거의 경험은 여러분의 직감이 믿을 수 있는 것인지 아닌지 판단하는 근거를 준다.

❷ help + (to) V.R : ~하는 것을 돕다

(1) I will help clean up the room.
나는 그 방을 청소하는 것을 도울 것이다.

칼분석 100지문

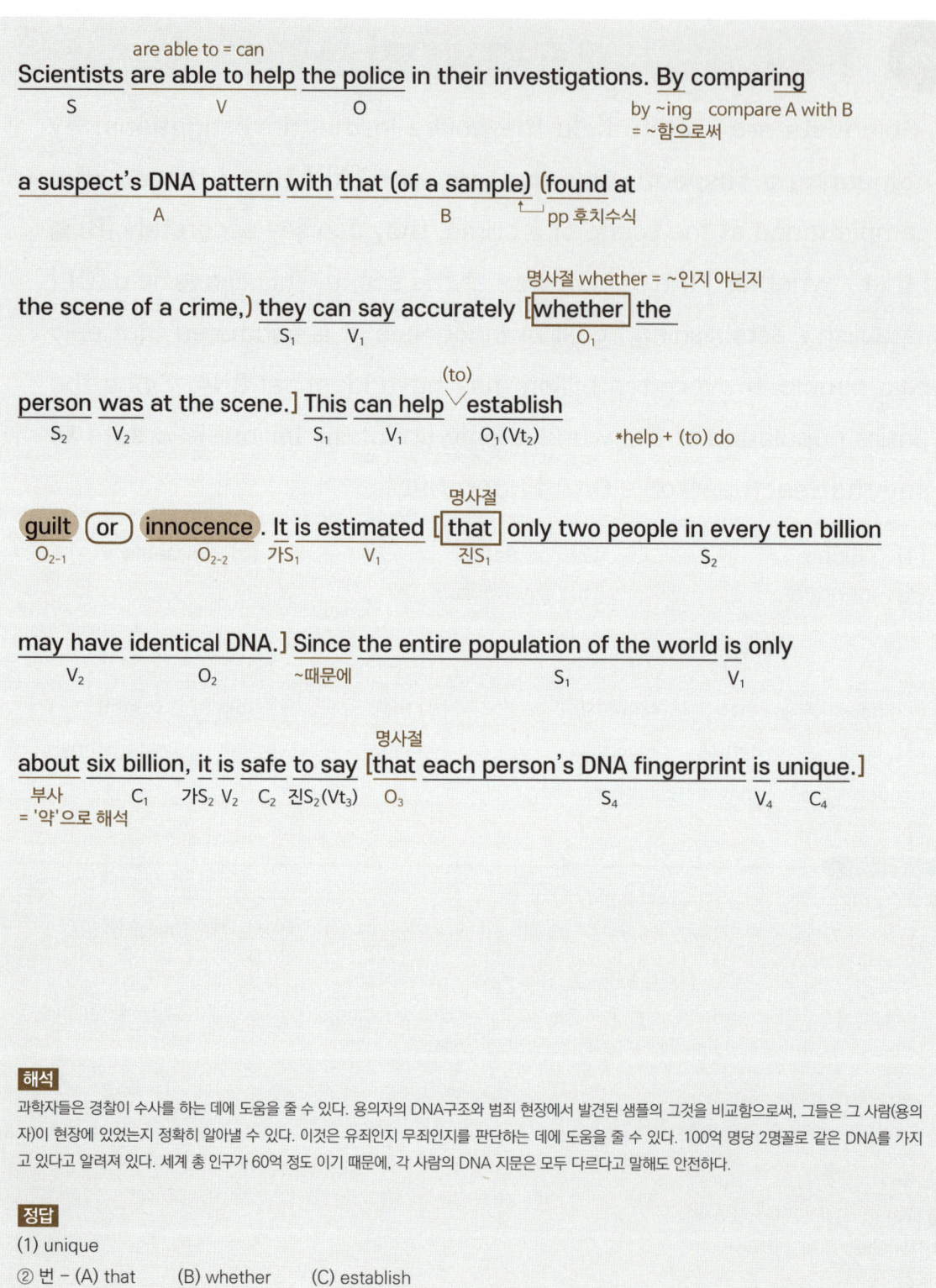

해석
과학자들은 경찰이 수사를 하는 데에 도움을 줄 수 있다. 용의자의 DNA구조와 범죄 현장에서 발견된 샘플의 그것을 비교함으로써, 그들은 그 사람(용의자)이 현장에 있었는지 정확히 알아낼 수 있다. 이것은 유죄인지 무죄인지를 판단하는 데에 도움을 줄 수 있다. 100억 명당 2명꼴로 같은 DNA를 가지고 있다고 알려져 있다. 세계 총 인구가 60억 정도 이기 때문에, 각 사람의 DNA 지문은 모두 다르다고 말해도 안전하다.

정답
(1) unique
② 번 – (A) that   (B) whether   (C) establish

076 (A), (B), (C)의 각 네모 안에서 어법에 맞는 표현을 골라 짝 지은 것은?

❶ The (A) [more moisture there is / more there is moisture] in the sky, the more the light from the stars is dimmed. A very clear sky permits more starlight to penetrate, thus the stars appear brighter. And a very clear sky allows more heat from the earth's surface to escape (B) [from / into] space. Moisture ❷ tends to hold in the day's heat, like a blanket. The less moisture there is in the air at night, the more the temperature tends to (C) [rise / fall] . Thus, the brighter the stars appear, the cooler is the night.

	(A)	(B)	(C)		(A)	(B)	(C)
(1)	more moisture there is	from	rise	(2)	more moisture there is	into	rise
(3)	more there is moisture	from	fall	(4)	more moisture there is	into	fall
(5)	more there is moisture	from	rise				

점검하기

❶ the + 비교급, the + 비교급 : ~할수록 ~하다
(1) The more contact a group has with another group, the more likely it is that objects or ideas will be exchanged.
  어떤 집단이 다른 집단과 접촉을 더 많이 하면 할수록, 사물이나 사상이 교환될 가능성이 더 많다.
(2) And the longer you get stuck there, the harder it becomes to share the pain and sorrow.
  그리고 그곳에 오랫동안 갇혀 있을수록 고통과 슬픔을 함께하는 것은 더 힘들어진다.

❷ tend to V.R : ~하는 경향이 있다.
(1) Sheets of paper exist almost entirely for the purpose of carrying information, so we tend to think of them as neutral objects.
  낱장의 종이들은 거의 전적으로 정보를 전달하는 목적으로 존재하기 때문에, 우리는 그 종이들을 중립적인 대상으로 생각하는 경향이 있다.
(2) Cities in Western Europe tend to be economically healthy compared with their suburbs.
  서유럽의 도시들은 그것들의 교외 지역과 비교하여 경제적으로 튼튼한 경향이 있다.

칼분석 100지문

The more moisture there is in the sky,
— S₁ — [there be] V₁
the more A, the more B = A 할수록 B하다

the more the light from the stars is dimmed. A very clear sky permits more
— S₂ — V₂(수동) — S₁ — V₁ — O₁

starlight to penetrate, thus the stars appear brighter. And a very clear sky
— O·C₁ — [따라서] S₂ V₂ C₂ — S₁

allows more heat from the earth's surface to escape into
V₁ — O₁ — O·C₁
allow O + toV.R : 목적어가 ~하는 것을 허용하다

space. Moisture tends to hold in the day's heat, like a blanket. The less
— S V — *tend to V.R : ~하는 경향이 있다* — *~처럼* — *the 비교급, the 비교급*

moisture there is in the air at night, the more the temperature tends to
— S₁ — V₁ — S₂ — V₂ *tend to V.R*

fall. Thus, the brighter the stars appear, the cooler is the night.
V₂ — C₁ S₁ V₁ — C₂ V₂ S₂

해석
하늘에 습기가 많으면 많을수록 별들로부터 오는 빛은 덜 흐릿해진다. 아주 맑은 하늘은 더 많은 별빛이 통과할 수 있게 해 주고 따라서 별들이 더 밝게 보인다. 그리고 아주 맑은 하늘은 지구 표면으로부터 오는 열이 더 많이 우주로 빠져나가게 한다. 습기는 담요처럼 하루의 열을 잡아 두는 경향이 있다. 밤에 공기 중에 습기가 적으면 적을수록 기온은 덜 떨어지는 경향이 있다. 따라서 별들이 밝게 보이면 보일수록 밤은 더 서늘하다.

정답
③ 번 – (A) more moisture there is   (B) into   (C) fall

해설
(A) more + S : 수식관계일 때 명사를 분리할 수 없다

077 다음 글에서 밑줄 친 부분 중, 어법상 틀린 것은?

The eggplant is extensively grown in eastern and southern Asia and in the U.S. It originally came from India and spread to Europe (1) <u>by way of</u> Africa. ❶ What is not so well-known is ❷ that prior to (2) <u>the 15th century</u>, it was grown mainly (3) <u>as an ornament</u>. People were afraid to eat it, as it (4) <u>thought</u> to be poisonous. Eggplant is not high in any singly vitamin or mineral. However, it is very (5) <u>filling</u>, while supplying few calories and virtually no fat, and its "meaty" texture makes eggplant a perfect vegetarian main-dish choice.

점검하기

❶ what S1 + V1 + V2 : ~하는 것은 ~이다(하다) (what 절을 전체 문장의 주어로 만들기)

(1) **What we perceive as color** is not made up of color.
우리가 색깔로 지각하는 것은 색깔로 구성되어 있지 않다.

(2) **What the psychologists discovered** was that most of the people moved far enough away from the post so that tossing the rings around it was challenging but not so difficult as to be totally frustrating.
심리학자들이 발견한 것은 그 사람들 대부분이 기둥을 향해 고리를 던지는 것이 도전적이기는 (어렵기는) 하지만 완전히 좌절감을 느끼게 할 만큼 그렇게 어렵지는 않을 정도의 거리를 기둥으로부터 둔다는 사실이었다.

❷ S + be + that S2 + V2 : S는 ~라는 것이다 (S의 내용이 that 절에 있음)

(1) **The suggestion is that** people will want for nothing in this city.
그 암시는 사람들이 이 도시에서는 부족한 것이 없을 것이라는 것이다.

(2) What the psychologists discovered **was that** most of the people moved far enough away from the post so that tossing the rings around it was challenging but not so difficult as to be totally frustrating.
심리학자들이 발견한 것은 그 사람들 대부분이 기둥을 향해 고리를 던지는 것이 도전적이기는 (어렵기는) 하지만 완전히 좌절감을 느끼게 할 만큼 그렇게 어렵지는 않을 정도의 거리를 기둥으로부터 둔다는 사실이었다.

(3) Another reason for removing the peel before eating **is that** some fruits such as apples, pears, and grapes have a tough skin, which can be harder to chew and to digest.
과일을 먹기 전에 껍질을 제거해야 하는 또 다른 이유는 사과, 배, 포도와 같은 일부 과일들이 껍질이 질겨서 씹고 소화시키기가 더 어려울 수 있다는 것이다.

칼분석 100지문

The eggplant is extensively grown in eastern and southern Asia and in the U.S. It originally came from India and spread to Europe by way of Africa. [What is not so well-known] is [that prior to the 15th century, it was grown mainly as an ornament.] People were afraid to eat it, as it was thought to be poisonous. Eggplant is not high in any singly vitamin or mineral. However, it is very filling, while supplying few calories and virtually no fat, and its "meaty" texture makes eggplant a perfect vegetarian main-dish choice.

해석

가지는 동아시아, 남아시아, 그리고 미국에서 널리 재배된다. 가지는 인도가 원산지이고, 아프리카를 경유해서 유럽으로 퍼졌다. 그다지 잘 알려지지 않은 것은 15세기 이전에는 그것이 주로 장식용으로 재배되었다는 것이다. 사람들은 가지가 독성이 있다고 생각했기 때문에 가지를 먹기를 두려워했다. 가지는 어떤 비타민이나 무기질도 풍부하지 않다. 그러나 그것은 칼로리는 아주 조금 제공하고 지방은 거의 제공하지 않는 반면, 아주 배부르게 하며 "육질 같이" 씹히는 느낌 때문에 가지는 채식주의자의 완벽한 주요리 선택이 된다.

정답

(4) thought → was thought

해설

be thought to V.R : ~ 하다고 생각되다

비상구 100지문

078 빈칸에 가장 적절한 것은?

The American 180 - day school year is based on a rural tradition that no longer fits the needs of a heavilyindustrialized, urban society. In the past, most American families lived on farms, and they needed their children to help them with the farm work in the summers, especially (A) [during / while] harvest. (B) [Because / Consequently] the school year was designed to ❶ give students a three-month vacation in the summer so they could work on the family farm. (C) [Consequently / However], less than three percent of Americans live on farms now, so ❷ there is no longer a need for such a long summer vacation _____.

(1) to learn many things (2) to do a part time job (3) to supply farm labor
(4) to travel other countries (5) to earn one's school expenses

	(A)	(B)	(C)		(A)	(B)	(C)
(1)	during	because	however	(2)	while	because	however
(3)	while	because	consequently	(4)	during	consequently	however
(5)	during	because	consequently				

점검하기

❶ give 명사(I.O) 명사(D.O) : ~에게 ~을 주다 / tell 명사(I.O) 명사절 (D.O) : ~에게 ~를 말하다

(1) This would give us the chance to find information quickly and communicate with others no matter where we are or what we are doing.
이러한 것은 우리가 어디에 있든, 무엇을 하고 있든 간에 정보를 빨리 찾고 다른 사람과 의사소통을 할 수 있는 기회를 제공해 줄 것이다.

(2) An Eskimo once told European visitors that the only true wisdom lives far from mankind, out in the great loneliness, and can be reached only through suffering.
한 에스키모인이 한때 유럽 여행자들에게 오직 진정한 지혜는 인류로부터 멀리 떨어진 커다란 고독이 있는 곳에 존재하며 오직 고통을 통해서만 다다를 수 있다고 말했다.

❷ there 완전자동사(remain, live, be..) S 구문 : S가 남아있다(살다/있다)

(1) What's more, there are now a number of good, inexpensive car security devices available on the market.
게다가, 요즘 시장에는 싸고 좋은 자동차 보안장비들이 많이 있습니다.

(2) There is also the possibility of damaging your stuff, some of it valuable.
귀중품이 들어있을 수도 있는 당신의 물건에 손상이 생길 가능성도 있습니다.

칼분석 100지문

The American 180 - day school year is based on a rural tradition (that no longer fits the needs of a heavily-industrialized, urban society.) In the past, most American families lived on farms, and they needed their children to help them with the farm work in the summers, especially during harvest. Consequently the school year was designed to give students a three-month vacation in the summer so they could work on the family farm. However, less than three percent of Americans live on farms now, so there is no longer a need for such a long summer vacation to supply farm labor.

해석
미국의 "한 학년 180일 제도"는 고도로 산업화된 도시 사회의 요구에는 더 이상 맞지 않는 시골의 전통에 기초한 것이다. 과거에는 대부분의 미국 가족들이 농장에 살았고, 그들은 그들의 자식들이 여름, 특히 수확기에 농장 일을 돕는 것을 필요로 하였다. 그 결과, 학교의 한 해 일정은 학생들에게 여름에 3개월짜리 방학을 주어 학생들이 가족 농장에서 일할 수 있도록 짜여졌다. 그러나 현재는 미국인의 3% 미만이 농장에 살고 있어서, 농장 일손 돕기 위한 그렇게 긴 여름 방학의 필요성은 더 이상 없게 되었다.

정답
(3) to supply farm labor
④ 번 – (A) during   (B) consequently   (C) however

비상구 100지문

079 글을 쓴 목적으로 가장 적절한 것은?

Last March my little brother, Ben, took Scruff, our dog for a walk. They should have been home for dinner, but by seven it was getting dark and they still hadn't returned. My parents were very worried and they called the police. They finally found Ben (A) [though / since] they heard Scruff barking. Ben had fallen down an old well and was unconscious. The police said that they (B) ❶ [would never find / would never have found] him in time if Scruff hadn't stayed with Ben. Ben is now OK and we ❷ need to thank Scruff for that. That's (C) [because / why] I think Scruff should be the Champion of the year.

(1) 선전   (2) 축하   (3) 상담   (4) 항의   (5) 추천

	(A)	(B)	(C)		(A)	(B)	(C)
(1)	though	would never find	because	(2)	since	would never find	because
(3)	since	would never have found	why	(4)	since	would never have found	because
(5)	though	would never find	why				

점검하기

❶ if S2 + V-ed, S1 + would V.R / S2 + had pp, S1 + would have pp : ~라면 ~할 텐데 / ~였다면 ~했을 텐데

(1) However, if the assignment were stated somewhat vaguely, then you would have more room to think and be more creative.
그러나, 만약 임무(과제)가 다소 막연하게 진술된다면 당신은 그 문제에 대한 생각할 기회를 좀 더 가져야 할 것이고 좀 더 창의적으로 다가가야 할 것이다.

(2) But if I'd told you that, you might have panicked and none of us would have made it.
하지만 그걸 미리 말했더라면 당신들은 당황해서 아무도 여기까지 올 수 없었겠죠.

❷ need to V.R : ~할 필요가 있다

(1) The doctor of the future, however, needs to practice medicine in fundamentally different ways.
그러나 미래의 의사는 근본적으로 다른 방식으로 의학을 실천할 필요가 있다.

(2) A fire chief, for example, needs to issue his orders with absolute clarity.
예를 들어, 소방서장은 절대적으로 명료하게 그의 명령을 내릴 필요가 있다.

(3) With one technological change, cross-referencing became possible, while the physical space needed to house a collection of books was sharply reduced.
하나의 기술적 변화로 인해, 앞 뒤 참조가 가능해졌고 동시에 전집을 소장하기에 필요한 물리적 공간이 급격하게 줄어들었다.

칼분석 100지문

Last March my little brother, Ben, took Scruff, our dog for a walk. They should have been home for dinner, but by seven it was getting dark and they still hadn't returned. My parents were very worried and they called the police. They finally found Ben since they heard Scruff barking. Ben had fallen down an old well and was unconscious. The police said [that they would never have found him in time if Scruff hadn't stayed with Ben.] Ben is now OK and we need to thank Scruff for that. That's why I think [(that) Scruff should be the Champion of the year.]]

해석

지난 3월 제 남동생 Ben은 저희 집 강아지인 Scruff를 데리고 산책을 갔습니다. 그들은 저녁 식사를 하기 위해 집으로 돌아왔어야 했는데, 7시가 되어 날은 어두워지고, 그들은 여전히 돌아오지 않았습니다. 저희 부모님은 몹시 걱정하셨고, 경찰을 부르셨습니다. 그들은 결국 Scruff가 짖는 소리를 듣고서 Ben을 찾아내었습니다. Ben은 낡은 우물에 빠져 의식이 없었습니다. 경찰은 Scruff가 Ben과 함께 있지 않았다면 Ben을 결코 찾지 못했을 것이라고 말 했습니다. 이제 Ben은 괜찮아졌고, 우리는 그 일에 대해 Scruff에게 고마워할 필요가 있습니다. 그것이 바로 제가 왜 Scruff가 올해의 챔피언이 되어야 한다고 생각하는 그 이유인 것입니다.

정답

(5) 추천

③ 번 – (A) since   (B) would never have found   (C) why

080 밑줄친 부분 중 어색한 것은?

In no other than London (1) <u>is it</u> so important to have good friends because practically everything that constitutes the charm of London life takes place behind closed doors, either of clubs or private house : nowhere (2) <u>street-life counts</u> for so little. The English man is unwilling (3) <u>to exhibit himself</u> in public and still more so (4) <u>to mix with a crowd of strangers</u>. The function of the London street is simply to contain the traffic which is ❷ so dense (5) <u>that</u> its stream sweeps the individual along with it.

점검하기

❶ 부정부사구 문두 + 의문문 어순 도치
(1) Under no circumstances are visitors allowed to feed the animals.
　= Visitors are not allowed to feed the animals under any circumstances.
　방문자들에게는 어떠한 경우에도 동물들에게 먹이를 주는 것이 허용되지 않는다.
(2) In no way can you persuade me.
　= You can not persuade me in any way.
　당신은 어떤 방법으로든 나를 설득할 수 없다.
(3) No longer does she want to be alone as she loves him.
　= She no longer wants to be alone as she loves him.
　그녀는 그를 사랑하게 되어 더 이상 혼자이고 싶지가 않다.

❷ so 형(부) that S V : 너무 ~해서 ~하다
(1) Industrial diamonds are so important that a shortage would cause a breakdown in the metal-working industry and would destroy mass production.
　산업용 다이아몬드는 너무나 중요하여 부족하게 될 경우 금속가공 산업의 와해와 대량생산 체제의 붕괴를 초래할 것이다.
(2) You may think that moving a short distance is so easy that you can do it in no time with little effort.
　당신은 짧은 거리를 이사하는 것은 너무 쉬워서 당신이 어떤 노력 없이도 빨리 할 수 있을 것이라고 생각한다.

칼분석 100지문

In no other than London is it so important to have good friends
because practically everything (that constitutes the charm of London life)
takes place behind closed doors, either of clubs or private house: nowhere
does street-life count for so little. The English man is unwilling to
exhibit himself in public and still more so to mix with a crowd of
strangers. The function of the London street is simply to contain the traffic
(which is so dense that its stream sweeps the individual along with it.)

해석
다른 도시가 아닌 런던에서 좋은 친구를 갖는 다는 것은 매우 중요한 일이다. 왜냐하면 실질적으로 런던에서 삶의 매력을 구성하는 것은 클럽이나 개인의 집의 닫힌 문 뒤에서 발생하기 때문이다. 어디에서건 거리 위의 삶은 거의 중요하지 않다. 영국인들은 대중 앞에 자신을 드러내려고 하지 않는다. 그리고 또한 낯선 군중과 어울리는 것을 싫어한다. 런던 거리의 기능은 단순히 매우 밀집되어서 그 흐름이 길을 걷는 개인을 쓸어버릴 정도의 교통을 포함하는 것 뿐이다.

정답
(2) street-life counts → does street-life count

해설
does + S + V.R 으로 도치

081 다음 글에서 밑줄 친 부분 중, 어법상 틀린 것은?

Orbits are the result of a perfect balance between the (1) <u>forward</u> motion of a body in space, ❶ such as a planet or moon, and (2) <u>the pull</u> of gravity on it from another body in space, such as a large planet or star. An object with a lot of mass goes forward and wants to keep (3) <u>going</u> forward; however, the gravity of another body in space pulls (4) <u>in it</u>. There is continuously an equal match between the one object wanting to go forward and away and the other wanting to pull it in. These forces of forward movement and gravity ❷ have to be perfectly balanced for an orbit to happen. If the forward movement of one object is too strong, the object will speed past the other one and not enter the orbit. If forward movement is much weaker than the pull of gravity, the object will be pulled into (5) <u>the other one</u> completely and crash.

점검하기

❶ such as : ~와 같은

(1) Similarly, when filling the tank at the gas station, older children can compare prices and practice estimation, asking questions such as "How much do you think it will cost to fill the tank?"
더 나이 든 아이들은 "기름 탱크를 채우는데 얼마나 들 거라고 생각해요?"라는 질문을 하면서 가격을 비교하고 어림치를 훈련할 수 있다.

(2) Every element in an ecosystem depends on every other element, even the so-called nonliving elements such as minerals, oxygen, and sunlight.
생태계의 모든 요소들은 모든 다른 요소들, 심지어 광물, 산소, 그리고 햇빛과 같은 이른바 무생물 요소들에 의존하고 있다.

(3) Considering the habitat of these trees, such as rocky areas where the soil is poor and precipitation is slight, it seems almost incredible that they should live so long or even survive at all.
토양이 척박하고 강수량이 적은, 암석이 많은 지역 같은 이 나무들의 서식지를 고려해 보면, 이 나무들이 그렇게 오래 살고 또는 심지어 살아남는 것조차 거의 믿을 수 없는 것처럼 보인다.

❷ have to V.R = must V.R

(1) When we face problems or disagreements today, we have to arrive at solutions through dialog.
오늘날 여러 문제나 의견불일치에 직면할 때 우리는 대화를 통해 해결점에 도달해야 한다.

(2) Even though it may be annoying to have to lay a place at dinner or keep an extra seat in the family automobile for his 'friend' who exists only in your child's imagination, it is probably well worthwhile.
비록 당신 아이의 상상 속에서만 존재하는 그의 '친구'를 위해 식사 때 자리를 하나 두어야 하거나 가족의 자동차에 여분의 좌석을 마련해 두어야 한다는 것이 짜증스러울지도 모르지만, 그것은 아마 상당히 가치 있는 일일 것이다.

칼분석 100지문

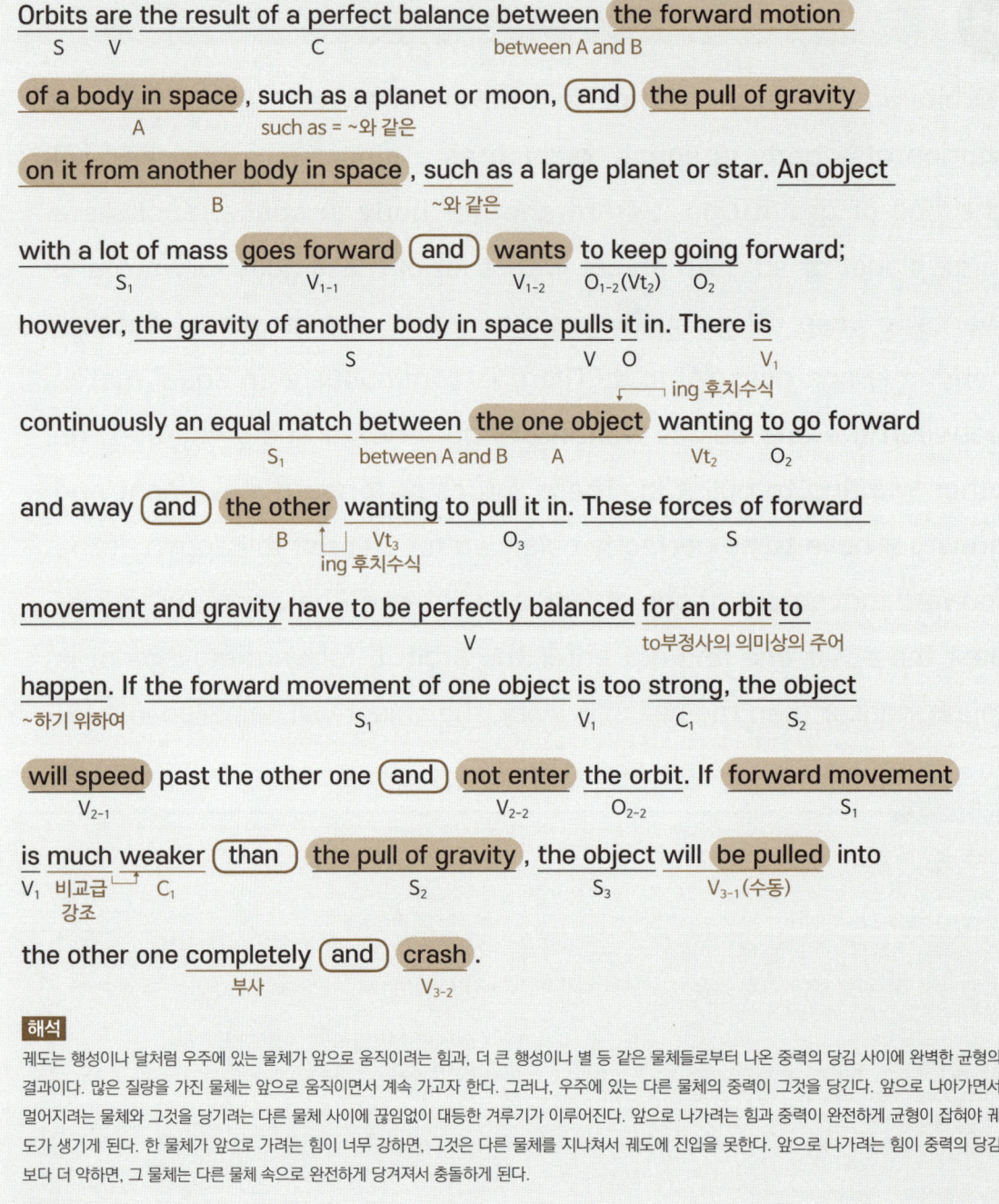

해석
궤도는 행성이나 달처럼 우주에 있는 물체가 앞으로 움직이려는 힘과, 더 큰 행성이나 별 등 같은 물체들로부터 나온 중력의 당김 사이에 완벽한 균형의 결과이다. 많은 질량을 가진 물체는 앞으로 움직이면서 계속 가고자 한다. 그러나, 우주에 있는 다른 물체의 중력이 그것을 당긴다. 앞으로 나아가면서 멀어지려는 물체와 그것을 당기려는 다른 물체 사이에 끊임없이 대등한 겨루기가 이루어진다. 앞으로 나가려는 힘과 중력이 완전하게 균형이 잡혀야 궤도가 생기게 된다. 한 물체가 앞으로 가려는 힘이 너무 강하면, 그것은 다른 물체를 지나쳐서 궤도에 진입을 못한다. 앞으로 나가려는 힘이 중력의 당김보다 더 약하면, 그 물체는 다른 물체 속으로 완전하게 당겨져서 충돌하게 된다.

정답
(4) in it → it in

해설
pull 의 목적어가 it, 전치사 in의 목적어는 생략

082 밑줄친 부분 중 어법상 어색한 것은?

In 1877, William Orton was the president of Western Union Telegraph Company. That year Alexander Graham Bell and his partners (1) <u>offered to sell</u> their telephone patents to Western Union. Orton (2) <u>could have bought</u> the patents for a mere $100,000, but he turned down the offer. (3) ❶ <u>After reviewing</u> the patents, Orton commented, "What use could this company make of an electrical toy?" In retrospect, we know that Orton (4) <u>must have bought</u> the patents. Because he (5) <u>could have made</u> millions of dollars from them ❷ <u>since</u> they turned out to be the most valuable patents ever issued.

점검하기

❶ 전치사 + 동명사 (in, on, by, for, to, at, with, without, from, after, before + ing)

(1) This suggests that much of the value of art for a child consists in making it.
이것은 어린이에게 예술의 가치의 상당 부분은 그것을 만드는 데 있다는 것을 암시한다.

(2) A study of investment clubs showed that the worst-performing clubs were built on affective ties and were primarily social, while the best-performing clubs limited social connections and focused on making money.
투자 클럽에 대한 한 연구는 최악의 성과를 보이는 클럽은 애정의 유대위에 조직되었고 기본적으로 사교적인 반면에, 최고의 성과를 내는 클럽은 사교적인 연결을 제한했고 돈을 버는데 집중했다는 것을 보여주었다.

(3) Thinking improves when parts of the mind are given other tasks, are charged with listening to music or following a line of trees.
정신의 일부에게 다른 일이 주어지거나 그것이 음악을 듣거나 가로수를 따라 걷는 일로 가득 채워질 때 사고는 향상된다.

❷ Since S + V, S + V : ~의 이유로, ~때문에

(1) Since people generally like what they are good at, I propose that our children focus on areas in which they excel.
일반적으로 사람들은 자신에게 능숙한 일을 좋아하기 때문에 나는 아이들에게 그들이 뛰어난 분야에 집중하라고 말한다.

(2) Unlike the modern society, the primitive society has less specialized knowledge to transmit, and since its way of life is enacted before the eyes of all, it has no need to create a separate institution of education such as the school.
현대 사회와는 달리, 원시 사회는 전달할 전문 지식을 더 적게 가지고 있고 생활방식이 모든 사람들의 눈앞에서 이루어지기 때문에, 학교와 같은 분리된 교육기관을 만들 필요가 없다.

칼분석 100지문

In 1877, William Orton was the president of Western Union Telegraph Company. That year Alexander Graham Bell and his partners offered to sell their telephone patents to Western Union. Orton could have bought the patents for a mere $100,000, but he turned down the offer. After reviewing the patents, Orton commented, ["What use could this company make of an electrical toy?"] In retrospect, we know [that Orton should have bought the patents.] Because he could have made millions of dollars from them since they turned out to be the most valuable patents ever issued.

해석

1877년, William Orton은 Western Union Telegraph Company의 사장이었다. 그 해에 Alexander Graham Bell과 그의 동업자들은 그들의 전화기 특허권을 Western Union사에게 팔겠다고 제안했다. Orton은 단 10만 달러에 그 특허권을 살 수도 있었지만, 그 제안을 거절했다. 그 특허품을 재검토한 뒤, Orton은 의견을 밝혔다. "이 회사가 하나의 전기 장난감을 가지고 어디에 쓰겠습니까?" 회고록에서, 우리는 Orton이 그 특허권을 샀어야 한다는 것을 안다. 그것들이 지금껏 발부되어진 특허권중 가장 가치 있는 것이라고 판명되어 그것(특허권)으로 그가 수백만 달러를 벌어들일 수도 있었기 때문이다.

정답

(4) must have bought → should have bought

083 다음 글의 내용과 일치하는 것은?

Stars are balls of gas which are heated by nuclear reactions deep inside them. ❶ Not all stars are white, and a star's color is a direct indicator of its temperature. The bluest stars are the hottest, (A) [following / followed by] white, yellow-white, orange and red. The sun is classified as "yellow-white" and is therefore a medium-hot star. It has a surface temperature of 5500 degrees, (B) [comparing / compared] with the blue star Spica, ❷ which burns at around 24,000 degrees, or the (C) [cooler / hotter] red Barnard's Star at 3,000 degrees.

(1) 지구는 중간온도의 별이다
(2) 별은 타원형의 가스 덩어리이다
(3) 온도가 가장 높은 별은 청색이다
(4) 별은 표면의 핵융합에 의해 열을 낸다
(5) 우리의 태양은 가장 뜨거운 별에 속한다

	(A)	(B)	(C)		(A)	(B)	(C)
(1)	followed by	compared	cooler	(2)	following	compared	hotter
(3)	followed by	comparing	cooler	(4)	following	comparing	hotter
(5)	following	comparing	cooler				

점검하기

❶ 부분부정: 전부 ~인 것은 아니다 (not necessarily = 반드시 ~인 것은 아니다)

(1) The true mark of heroes lies not necessarily in the result of their actions, but in what they are willing to do for others and for their chosen causes.
영웅의 진정한 표시는 반드시 그들의 행동 결과에 있는 것이 아니라 다른 사람들을 위해 그리고 그들이 그렇게 기꺼이 행동하는 것에 있다.

(2) To start with, you need well drained, not necessarily over fertile soil in order to make the vine's roots dig deep into the soil.
포도나무의 뿌리가 땅 속으로 깊이 파고 들어가게 만들기 위해 우선 반드시 비옥한 땅은 아니더라도 배수시설이 잘 된 비옥한 땅이 필요하다.

❷ 명사 + that (who, which) + V : ~할, ~하는, ~했던 명사

(1) The goal of medicine as it is currently practiced is to develop procedures and drugs that work equally well on all patients, regardless of gender, age, or genetics.
현재 실행되고 있는 의학의 목적은 성, 나이, 또는 유전적 특질과 관계없이 모든 환자에게 동등한 효과를 발휘하는 절차와 약을 개발하는 것이다.

(2) I try to stay away from houses or barns that have unusual angles of the roof, or objects that look incorrect in size, perspective, or design.
나는 특이한 각도의 지붕을 가지고 있는 집이나 헛간, 혹은 크기, 원근법, 혹은 디자인에서 부정확한 것처럼 보이는 물체는 멀리하려고 한다.

칼분석 100지문

Stars are balls of gas (which are heated by nuclear reactions (deep inside them.)) Not all stars are white, and a star's color is a direct indicator of its temperature. The bluest stars are the hottest, followed by white, yellow-white, orange and red. The sun is classified as "yellow-white" and is therefore a medium-hot star. It has a surface temperature of 5500 degrees, compared with the blue star Spica, (which burns at around 24,000 degrees, or the cooler red Barnard's Star at 3,000 degrees.)

해석

별들은 그 속 깊은 곳의 핵반응에 의해 뜨거워지는 가스의 덩어리이다. 모든 별이 흰 것은 아니며, 별의 색깔은 그 온도를 말해주는 직접적인 표시이다. 가장 푸른 별이 가장 뜨겁고, 그 다음으로는 흰색, 밝은 노랑, 주황색, 빨간색 순이다. 태양은 "밝은 노랑"으로 구분되어 지며, 따라서 중간정도 뜨거운 별에 속한다. 파란 별 Spica가 24000도 가량으로 열을 내고, 더 차가운 별인 Barnard's Star가 3000도인데 비해, 태양은 5500도의 표면을 가지고 있다.

정답

(3) 온도가 가장 높은 별은 청색이다

① 번 – (A) followed by   (B) compared   (C) cooler

084

다음 글에서 밑줄 친 부분 중, 어법상 틀린 것은?

Because of years of restrictions on hunting, the wild deer population is ❶ higher than ever. These regulations, which include bans on hunting in many places and strict limits on the number of deer (1) hunted, have allowed the animals (2) to thrive. Furthermore, reduced numbers of natural predators such as wolves ❷ have resulted in a lower mortality rate. However, deer-vehicle accidents are increasing significantly as deer venture into the new suburbs that (3) are replaced their woodland home. They also damage crops and gardens and wipe out plant species. Suburban residents who used to (4) disapprove of hunting now appreciate the benefits of keeping deer populations (5) under control.

점검하기

❶ 비교급 than : ~보다 더 ~한(하게) *(many more) 와 (much more) 의 구분

(1) The ability to sympathize with others reflects the multiple nature of the human being, his potentialities for many more selves and kinds of experience than any one being could express.
다른 사람의 공감을 얻는 능력은, 겉으로 나타나는 것보다, 사람의 복합적인 본성이나, 그의 여러 방면에 대한 잠재력 그리고 수많은 경험을 반영하는 것이다.

(2) Our heads do not resemble steam kettles, and our brains involve a much more complicated system than can be accounted for by images taken from nineteenth-century technology.
우리의 머리는 증기 주전자를 닮지 않았으며 우리의 뇌는 19세기 과학기술이 이끌어낸 이미지에 의해 설명될 수 있는 것보다 훨씬 더 복잡한 시스템을 내포하고 있다.

❷ have p.p : 현재완료 ~했다(과거 행위의 결과가 현재에도 미침), ~한 적이 있다

(1) Yet, there have been moments when its great strength was also its weakness.
하지만 그 큰 힘이 또한 약점인 순간들이 있었지요.

(2) In practical situations where there is no room for error, we have learned to avoid vagueness in communication.
실수에 대한 여유가 전혀 없는 실제적인 상황에서는 의사소통에 있어서 애매함을 피하라고 우리는 배웠다.

(3) We have abandoned our relationship with the food we eat and with the people who produce our food.
우리는 우리가 먹는 음식과 우리의 음식을 생산하는 사람들과의 관계를 포기했다.

Because of years of restrictions on hunting, the wild deer population is higher than ever. These regulations, which include bans on hunting in many places and strict limits on the number of deer hunted, have allowed the animals to thrive. Furthermore, reduced numbers of natural predators such as wolves have resulted in a lower mortality rate. However, deer-vehicle accidents are increasing significantly as deer venture into the new suburbs that replace their woodland home. They also damage crops and gardens and wipe out plant species. Suburban residents who used to disapprove of hunting now appreciate the benefits of keeping deer populations under control.

해석
수년 동안의 사냥에 대한 제한 때문에, 야생 사슴의 수가 그 어느 때보다도 많아졌다. 여러 곳에서의 사냥 금지와 사냥되는 사슴의 수에 대한 엄격한 제한을 포함한 이러한 규정들은 사슴이 번창하는 것을 가능하게 했다. 게다가, 늑대와 같은 자연의 포식자들의 수가 줄어들어 사슴의 사망률이 낮아졌다. 그러나 사슴들이 삼림지대 안의 자신의 서식지를 대체하는 새로운 도시 근친 지역에 과감하게 나타남에 따라 사슴-차량 사고가 상당히 증가하고 있다 또한 사슴들은 농작물과 정원에 손상을 입히며 식물들을 파괴한다. 사냥에 반대하던 근교 지역 주민들도 이제는 사슴의 수를 조절함에 따른 이점들을 인식하고 있다.

정답
(3) are replaced → replace
해설
뒤에 목적어가 오므로 능동

085 다음 문장이 들어갈 가장 알맞은 곳은?

[In fact, the curse could have a scientific basis.]

Lord Carnarvon of England, who co-led the team (A) [that / that was] discovered Tutankamen's tomb in Egypt in 1922, died a few months later. ___(1)___ Then newspapers claimed it's the work of a curse. ___(2)___ The sudden deaths of eight other team members over the next decade only fueled speculation. ___(3)___ The mysterious death of Lord Carnarvon could be explained by an infection with a highly poisonous and very long lived germ. ___(4)___ The archeologists could have (B) [exhaled / inhaled] the germs often (C) ❶ [to find / found] on mummies, ❷ causing potentially deadly infections. ___(5)___

	(A)	(B)	(C)		(A)	(B)	(C)
(1)	that	exhaled	to find	(2)	that was	inhaled	found
(3)	that	inhaled	to find	(4)	that was	exhaled	found
(5)	that	inhaled	found				

점검하기

❶ 명사 + p.p 후치수식 : ~된 명사

(1) An executed purpose, in short, is a transaction in which the time and energy spent on the execution are balanced against the resulting assets, and the ideal case is one in which the former approximates to zero and the latter to infinity.
요컨대 수행된 목적은 수행하는데 소비된 시간과 에너지가 결과로 나타난 자산과 균형을 이루는 거래이고, 이상적인 것은 전자가 0에 가깝고, 후자는 무한대에 가까운 경우이다.

(2) As a consequence, compared to the intensity of the transmitted light, that of the observed light measured by the receiver is decreased.
그 결과 전달된 빛의 강도와 비교할 때 수신 장치에 의해 관찰된 빛의 강도는 감소된다.

❷ 분사구문 : 그리고 ~하다 (연속동작)

(1) Ideological influences also factored in; elites in particular were skeptical of television, perceiving it as a messenger of mass culture and Americanization.
이데올로기적인 영향력도 또한 요인에 들어 있었는데, 특히 엘리트들은 텔레비전에 대해 회의적이었고 그것을 대중문화와 미국화의 전령으로 인식했다.

(2) The making of this requires the mutual agreement of two or more persons or parties, one of them ordinarily making an offer and another accepting.
이것을 만드는 것은 둘 이상의 사람이나 단체의 상호 동의를 필요로 하는데, 보통 한 쪽이 제안을 하고 다른 쪽이 수락을 하게 된다.

칼분석 100지문

Lord Carnarvon of England, (who co-led the team (that
　　　　S₁　　　　　　　　　 S₂　 V₂　　 O₂　　 S₃
　　　　　　　　　　　　　　관대주격　　　　　　관대주격

discovered Tutankamen's tomb in Egypt in 1922,)) died a few months later.
　　V₃　　　　　　O₃　　　　　　　　　　　　　　　V₁

　　　　　　　　　　　　(that)명사절
Then newspapers claimed [it's the work of a curse.] The
　　　　S₁　　　V₁　　 S₂ V₂　　　C₂

sudden deaths of eight other team members over the next decade only
　　　　　　　　　S

fueled speculation. In fact, the curse could have a scientific basis.
　V　　　　O　　　　　　　　S　　　 V　　　　O

The mysterious death of Lord Carnarvon could
　　　　　　　　S

be explained by an infection with a highly poisonous and very long lived
　V(수동)

germ . The archeologists could have inhaled the
　　　　　　　S₁　　　　　　V₁

germs (often found on mummies,) causing potentially deadly
　O₁　　　pp후치수식　　　　　분사구문 : ~하면서
　　　　　　　　　　　　　　　(Vt₂)

infections.
　O₂

해석
[사실, 그 저주는 과학적 근거를 가질 수 있었다.]
1922년 이집트에서 투탕카멘의 무덤을 발견한 팀을 공동으로 이끈 영국의 카나반 영주는, 몇 개월 후 사망했다. 그 후 신문들은 그것은 저주의 힘이라고 주장했다. 그 후로 10년간 다른 8명의 팀 멤버들의 갑작스런 죽음은 추측에 불을 질렀다.(추측이 난무하게 했다) 카나반 영주의 그 불가사의한 죽음은 극도로 독하고 매우 오래된 세균에 의한 감염으로 설명될 수 있었다. 고고학자들은 미라에서 종종 발견되는 잠재적이고 치명적인 감염을 일으키는 세균을 흡입했을 수도 있었다.

정답
(3) 에 삽입
⑤ 번 – (A) that　　(B) inhaled　　(C) found

086

(A), (B), (C)의 각 네모 안에서 어법에 맞는 표현을 골라 짝 지은 것은?

Time capsules are usually buried for future generations to (A) ❶ [look for / find]. Could an entire village be put in a time capsule? Two years ago, a team of scientists ❷ began digging up the village of Tambora, which was buried by a volcanic eruption in 1815. The village was buried in three meters of volcanic debris. Everything at the site had been turned into charcoal by the heat, preserving wood, people and their homes. "The eruption buried perhaps 10,000 people, preserving their homes and (B) [remained / remains], much (C) [alike / like] what happened to Italy's Pompeii. We saw a time capsule," says volcanologist Haraldur Sigurdsson.

	(A)	(B)	(C)		(A)	(B)	(C)
(1)	look for	remained	like	(2)	look for	remained	alike
(3)	find	remained	like	(4)	find	remains	like
(5)	look for	remains	alike				

점검하기

❶ look for : 찾아보다 (시도, 과정), find : 찾아내다 (결과)

(1) I was looking for something warm.
  나는 따뜻한 것을 찾고 있었다.
(2) I found something warm.
  나는 따뜻한 것을 발견했다.

❷ begin + Ving, suggest + Ving, avoid + Ving

(1) The first god suggested putting - it under the ocean, but the others shouted him down, saying that people would build an underwater boat to take themselves there to find - it.
  첫 번째 신이 그것을 대양 밑에 놓을 것을 제안했지만 다른 신들은 사람들이 그것을 찾기 위해서 자신들을 그곳으로 데리고 갈 수중 배를 만들 것이라고 말하면서 소리를 질러 그의 입을 다물게 했다.
(2) Suddenly, the peace of the evening was broken when the plane's landing lights started flashing on and off.
  비행기의 착륙 불빛이 꺼졌다 켜졌다 깜박이기 시작했을 때 갑자기 밤의 평화가 깨어졌다.
(3) If others see how angry, hurt, or hateful you become when they tell you the truth, they will avoid telling it to you at all costs.
  그들이 당신에게 그 사실을 말할 때 당신이 얼마나 화나고, 상처받고, 미워할지를 안다면 그들은 그런 위험을 무릅쓰면서 당신에게 그 사실을 말해주지는 않을 것이다.

칼분석 100지문

Time capsules are usually buried for future generations to find.

Could an entire village be put in a time capsule? Two years ago, a team of scientists began digging up the village of Tambora, (which was buried by a volcanic eruption in 1815). The village was buried in three meters of volcanic debris. Everything at the site had been turned into charcoal by the heat, preserving wood, people and their homes. "The eruption buried perhaps 10,000 people, preserving their homes and remains, much like [what happened to Italy's Pompeii.] We saw a time capsule," says volcanologist Haraldur Sigurdsson.

해석

타임 캡슐은 보통 미래 세대가 발견할 수 있도록 묻혀진다. 전체 마을이 타임 캡슐 속에 넣어질 수 있을까? 2년 전에 한 팀의 과학자들이 1815년에 화산 폭발에 의해 묻혔던 Tambora라는 마을을 파기 시작했다. 그 마을은 3미터나 되는 화산 잔해 속에 묻혔다. 그 장소에 있던 모든 것이 나무, 사람, 그리고 그들의 집들을 보존하면서 열에 의해 숯으로 변했다. "그 폭발은 이탈리아의 Pompeii에 일어났던 것처럼 아마도 만 명의 사람들을 묻었고, 그들의 집과 잔해를 보존했지요. 우리는 타임 캡슐을 보았답니다."라고 화산 학자 Haraldur Sigurdsson이 말한다.

정답

④ 번 – (A) find   (B) remains   (C) like

비상구 100지문

087   다음 글의 주제는?

When you stand on a tall building or look down from a cable car, it's easy to imagine (1) falling to the ground below. This makes you feel anxious, which, in turn, ❶ makes you dizzy. As dizziness is associated with loss of control, it can make the anxiety (2) more severe, if you are in a high place (3) ❷ which you could fall. (4) Added to this, your eyes aren't used to (5) seeing objects at a great distance in the position that the floor would normally be. The brain is confused by the perspective and this can make you feel even dizzier.

(1) ways not to feel dizzy
(2) causes of the dizziness
(3) what makes us anxious most
(4) ways to avoid the high place
(5) the advantages of being brave

점검하기

❶ make 명사(목적어) 동사원형(목적보어): 명사가 ~하게 만들다

(1) It can make us feel happy or sad, helpless or energetic, and some music is capable of overtaking the mind until it forgets all else.
그것은 우리를 기쁘게 혹은 슬프게, 무기력하게 혹은 기운 넘치게 만들 수 있으며 어떤 음악은 정신이 그 밖의 모든 것을 잊을 때까지 정신을 압도할 수 있다.

(2) To start with, you need well drained, not necessarily over fertile soil in order to make the vine's roots dig deep into the soil.
포도나무의 뿌리가 땅 속으로 깊이 파고 들어가게 만들기 위해 우선 반드시 비옥한 땅은 아니더라도 배수시설이 잘 된 비옥한 땅이 필요하다.

❷ 전치사 + which S + V : 관계사절 속에서 전치사의 위치

(1) Therefore, the value of the original results not only from its uniqueness but from its being the source from which reproductions are made.
그 때문에 원작의 가치는 그것의 독특함에서 나올 뿐만 아니라 그것이 복제품들이 만들어지는 원천이 될 수 있다는 것에서 나오기도 한다.

(2) Paul Ekman uses the term 'display rules' for the social agreement about which feelings can be properly shown when.
Paul Ekman은 어떤 감정이 언제 적절하게 표현될 수 있는지에 대한 사회적인 합의에 대해 '(감정) 표현 규칙'이라는 용어를 사용한다.

(3) Since people generally like what they are good at, I propose that our children focus on areas in which they excel.
일반적으로 사람들은 자신에게 능숙한 일을 좋아하기 때문에 나는 아이들에게 그들이 뛰어난 분야에 집중하라고 말한다.

칼분석 100지문

When you stand on a tall building or look down from a cable car, it's easy
to imagine falling to the ground below. This makes you feel anxious,
(which, in turn, makes you dizzy.) As dizziness is associated with loss of
control, it can make the anxiety more severe, if you are in a high place
(from which you could fall.) Added to this, your eyes aren't used to
seeing objects at a great distance in the position (that the floor would
normally be.) The brain is confused by the perspective and this can make
you feel even dizzier.

해석
당신이 높은 빌딩 위에 서 있거나, 케이블카로부터 아래를 내려다 볼 때, 아래에 보이는 땅으로 떨어진다는 상상을 하기 쉽다. 이것은 당신으로 하여금 걱정을 하게 만들며, 또한 당신을 현기증 나게 한다. 어지러움은 통제력의 상실로 이어지므로(관련이 있으므로), 당신이 떨어질 수도 있는 높은 곳에 있다면, 그것은 걱정을 더 심화시킬 수 있다. 여기에 더해, 당신의 눈은, 원래는 바닥이 있어야 할 위치에 아주 먼 거리에 있는 사물이 있는 것을 보는 일에 익숙해 있지 않다. 뇌는 시각에 의해 혼동을 겪으며, 이것은 당신을 더욱 어지럽게 만든다.

정답
(3) which you could fall → from which you could fall

088 다음 글의 주제는?

These days, more students (1) are going abroad ❶ to study. About 2,800 students went abroad between February and March last year. Half of these students (2) left the country illegally without government authorization. On the other hand, 1,916 students gave up their studies and returned to Korea last year. Most of them (3) were elementary students and they said (4) ❷ they had gone through many troubles. Students need a lot of preparation before going to abroad to study. However, many parents just rush to send their children overseas (5) with enough information about life abroad.

(1) 조기유학 열풍의 원인 (2) 조기유학의 필요성
(3) 성공적인 유학조건 (4) 국제화시대의 교육
(5) 무분별한 조기유학 열풍

점검하기

❶ to V.R ~하기 위하여

(1) Plan your budget in advance to give yourself time to research the costs fully.
비용을 충분히 연구할 시간을 자신에게 주기 위해 미리 예산을 짜라.

(2) Roman doll-makers continued to use technology developed by the Egyptians and Greeks, but in line with the artistic sensibilities of their culture, they were constantly trying to make dolls more elegant and beautiful.
로마의 인형 제작자들은 이집트인들과 그리스인들에 의해 개발되었던 기술을 계속해서 사용했지만, 그들 문화의 예술적인 감수성에 일치하게 인형을 우아하고 아름답게 만들려고 계속적으로 노력했다.

❷ V+that S V : ~라고 V하다 (동사의 목적어로 쓰이는 명사절 that)

(1) Not all authors trusted that the theater audience would automatically understand their plays in the intended manner.
모든 작가들이 극장의 청중들은 저절로 자신들의 극을 의도된 방식으로 이해할 거라고 믿지는 않았다.

(2) A study of investment clubs showed that the worst-performing clubs were built on affective ties and were primarily social, while the best-performing clubs limited social connections and focused on making money.
투자 클럽에 대한 한 연구는 최악의 성과를 보이는 클럽은 애정의 유대위에 조직되었고 기본적으로 사교적인 반면에, 최고의 성과를 내는 클럽은 사교적인 연결을 제한했고 돈을 버는데 집중했다는 것을 보여주었다.

(3) I have always taught my children that politeness, learning, and order are good things, and that something good is to be desired and developed for its own sake. (teach I.O D.O(that S V) : ~에게 ~라고 가르치다)
나는 항상 나의 아이들에게 공손함, 지식, 그리고 질서는 좋은 것이고 좋은 것은 스스로를 위해 요구되고 발전되는 것이라고 가르쳐왔다.

칼분석 100지문

These days, more students are going abroad to study. About 2,800 students went abroad between February and March last year. Half of these students left the country illegally without government authorization. On the other hand, 1,916 students gave up their studies and returned to Korea last year. Most of them were elementary students and they said they had gone through many troubles. Students need a lot of preparation before going to abroad to study. However, many parents just rush to send their children overseas without enough information about life abroad.

해석
요즘, 더 많은 학생들이 공부를 하기 위해 해외로 나간다. 약 2800명의 학생들이 작년 2월과 3월 사이에 해외로 나갔다. 이들 중 반은 정부의 허락 없이 불법적으로 출국했다. 반면에, 작년에 1916명의 학생들은 학업을 포기하고 한국으로 돌아왔다. 그들 중 대부분은 초등학생들이었고, 그들은 자신들이 많은 어려움을 겪었다고 말했다. 학생들은 공부를 하기 위해 해외로 나가기 전, 많은 준비를 필요로 한다. 그러나 많은 부모들은 해외 생활에 관한 충분한 정보를 가지지 못하고 아이들을 해외로 보내기 위해 서두르기만 한다.

정답
(5) with enough information about life abroad → without enough information about life abroad

089 다음 글이 주는 분위기는?

Father leaned his head forward ❶ when he whispered softly in my ear to look up. That was the first time (1) I ever really noticed the stars. I remember (2) ❷ overwhelming. I could not possibly count all the glittering sparkles (3) that illuminated the heavens and glistened softly next to the moon. At that moment I tried to reach out and (4) grasp one, but my arms were not long enough so I asked my father. I begged him for just one for my birthday. He laughed. I could not get him (5) to promise.

(1) 고요하고 평화롭다
(2) 어둡고 음울하다
(3) 신나고 활기차다
(4) 설레고 흥분된다
(5) 긴장되고 진지하다

점검하기

❶ When S + V : ~할 때
(1) Consequently, surveys should be conducted when the organization is not in the news or connected to a significant event that may influence public opinion.
결과적으로 조사 설문은 조사받는 집단이 뉴스에 나오거나 여론에 영향을 줄 수 있는 중대한 사건에 관계되지 않을 때 수행되어야 한다.
(2) But when you were a child, they survived a storm without losing a branch.
하지만 당신이 어린애였을 때 가지 하나 잃지 않으며 폭풍우에 살아남았어요.

❷ remember 동명사: ~했던 것을 기억하다 / remember toV.R: ~할 것을 기억하다
(1) So when you photograph people, remember to get closer to them to exclude unwanted objects.
그래서 사람의 사진을 찍을 때, 원치 않는 사물들을 제외시키기 위해 잊지 말고 더 가까이 다가가도록 하라.

Father leaned his head forward when he whispered softly in my ear
to look up. That was the first time (I ever really noticed the stars.) I
remember being overwhelmed. I could not possibly count all the glittering
sparkles (that illuminated the heavens and glistened softly next to the
moon.) At that moment I tried to reach out and grasp one, but my arms
were not long enough so I asked my father. I begged him for just one for
my birthday. He laughed. I could not get him to promise.

해석
아버지께서 내 귀에다, 위를 올려다보라고 부드럽게 속삭이실 때 그의 머리를 앞쪽으로 기울이셨다. 그것은 내가 별을 눈여겨 본 첫 순간이었다. 나는 압도당했던 것이 기억난다. 나는 하늘을 밝게 비추는, 그리고 달 옆에서 부드럽게 빛나는 반짝이는 불꽃을 감히 다 셀 수가 없었다. 그 때, 나는 팔을 뻗어 별을 하나 움켜쥐려고 노력했지만, 내 팔은 닿기에 충분하지 않았고, 그래서 나는 아버지께 부탁했다. 나는 아버지한테 내 생일을 위해 하나만 구해달라고 졸랐다. 그는 웃었다. 나는 아버지가 약속을 하도록 하지는 못했다.

정답
(1) 고요하고 평화롭다
(2) overwhelming → being overwhelmed

해설
압도당했던 것(수동 개념)

비상구 100지문

090 이 글의 바로 앞에 올 내용은?

However, there can be serious disadvantages. The parents, often just one parent, have a big responsibility (1) to raise the children by themselves if they have no help from other family members. Today, it is common ❶ for both parents to (2) work full time in order to just (3) pay for the basic economic necessities of the family. When the parents come home, they are often (4) exhausted from a hard day at work. Nevertheless, they have to ❷ take care of the children, cook, clean, do the laundry, (5) shops and so on.

(1) 맞벌이 부부생활 (2) 핵가족의 좋은 점
(3) 자녀양육의 즐거움 (4) 결손가정의 문제점
(5) 대가족의 장점

점검하기

❶ for 명사 to V.R : (to 부정사의 의미상의 주어) ~가 ~하는 것(~하는/하기 위하여)

(1) It is those explorers, through their unceasing trial and error, who have paved the way for us to follow.
우리가 가야할 길을 닦은 사람들은 끊임없는 시행착오를 거쳤던 바로 그러한 탐험가들이다.

(2) It's time for us all to reconsider the seriousness of the problem and to do something about it.
이제 우리 모두 문제의 심각성을 다시 생각해 보고 이 문제에 대해 무언가 해야 할 때이다.

(3) When the train came to his station, he got up and stood patiently in front of the door, waiting for it to open.
기차가 그의 정거장으로 들어왔을 때, 그는 일어서서 그것이 열리기를 기다리면서 문 앞에 차분히 서 있었다.

(4) There is plenty of time in life for people to follow other interests.
사람들이 다른 관심 분야를 추구할 시간은 세상을 사는 동안 충분히 있다.

❷ 동사 병렬

(1) As it turned out, over 70 percent of the real subjects caved in to groups pressure and said that the medium-length line was the longest.
나중에 밝혀진 것처럼 실제 피실험자의 70퍼센트 이상이 집단의 압력에 굴복해서 중간 길이의 줄이 가장 길다고 말했다.

칼분석 100지문

However, there can be serious disadvantages. The parents, often just one parent, have a big responsibility to raise the children by themselves if they have no help from other family members. Today, it is common for both parents to work full time in order to just pay for the basic economic necessities of the family. When the parents come home, they are often exhausted from a hard day at work. Nevertheless, they have to take care of the children, cook, clean, do the laundry, shop and so on.

and so on : …등등 (기타 등등)

해석
하지만 심각한 단점이 있을 수가 있다. 부모들은(종종 부모들 중 한 명 만이), 그들이 다른 가족 구성원의 도움을 받지 못한다면, 스스로 아이를 길러야 하는 커다란 책임을 갖게 된다. 오늘날, 가족의 기본적인 경제적 필요치를 해결하기 위해 부모가 둘 다 전임 노동자로서 일하는 것이 보통이다. 부모가 집에 돌아왔을 때, 그들은 종종 직장에서의 힘든 하루에 지쳐있게 된다. 그럼에도 불구하고, 그들은 아이들은 돌봐야하며, 요리를 하고, 청소를 하고 빨래, 쇼핑 등을 해야만 한다.

정답
(2) 핵가족의 좋은 점
(5) shops and so on → shop and so on

해설
(5) shop은 동사로서 '장보다'

091 다음 글의 요지는?

Some parents think they have ❶ the right to raise their children (1) as they see fit, including the right to spank them. It is ❷ as though their offspring (2) were a form of property, to do with (3) as they please. The fact, of course, is that their children are precious individuals, with inherent rights of their own. I may have the right to swing my arm, but that right only extends (4) as far as someone else's corporal presence; his right (5) not to hit is primary and inviolable.

(1) 부모가 모범을 보이자
(2) 자녀를 인격체로 대하자
(3) 조기교육을 위해 엄하게 가르치자
(4) 부모의 통제를 강화하자
(5) 아이와 부모의 대화가 중요하다

점검하기

❶ the right + to V.R : ~할 권리
(1) You have no right to stop me from going in there.
당신은 내가 거기에 들어가지 못하게 할 권리가 없습니다.

❷ as if / as though : 마치 ~ 하듯이(실제로는 아닌데), 가정법 술어 동사의 시제에 유의
(1) We feel as if the day they entered our school were yesterday, and now they will proudly receive their graduation certificates.
그들이 저희 학교에 입학하던 날이 어제처럼 느껴지는데, 이제 그들은 졸업장을 자랑스럽게 받게 될 것입니다.
(2) But as soon as he puts skis on his feet, it looks as though he had to learn to walk all over again.
그러나 발에 스키를 착용하자마자 그는 걷기를 완전히 다시 배워야만 하는 것처럼 보인다.

Some parents think [they have the right to raise their children as they see fit, including the right to spank them.] It is as though their offspring were a form of property, to do with as they please. The fact, of course, is [that their children are precious individuals, with inherent rights of their own.] I may have the right to swing my arm, but that right only extends as far as someone else's corporal presence; his right not to be hit is primary and inviolable.

해석

일부 부모들은, 그들(부모자신들)에게는 아이들을 때리는 것을 포함하여, 그들이 적합하다고 여기는 대로 아이들을 기를 권리가 있다고 생각한다. 그것은 마치 그들의 자식이 자기들이 원하는 대로 할 수 있는 재산과도 같다. 물론 사실은, 그들의 아이들이 그들만의 고유한 권리를 가지는 소중한 개인이라는 것이다. 나는 내 팔을 휘두를 권리를 가지고 있을지 몰라도, 그 권리는 역시나 다른 사람의 신체적 존재가 있는 곳까지만 미치는 것이다. 맞지 않을 그의 권리는 우선적이며 침해될 수 없는 것이다.

정답

(2) 자녀를 인격체로 대하자

(5) not to hit → not to be hit

092 (A), (B), (C)의 각 네모 안에서 어법에 맞는 표현을 골라 짝 지은 것은?

The Kalenjin runners carry certain genes which (A) [adopt / adapt] them to dwelling in hot, dry conditions at high altitudes. They live on a plateau 7,000 feet above sea level. This would certainly explain the low heart rate. At such a high altitude, oxygen levels in the atmosphere start to fall. To compensate for this, the body has to increase the number of red blood cells ❶ carrying oxygen in the blood. When athletes who have trained at high altitudes come down to sea level to compete, they still carry extra red blood cells and this gives them a huge power advantage in (B) [his / their] running. The heart has to beat (C) [faster / less fast] to carry the same amount of oxygen around the body.

	(A)	(B)	(C)		(A)	(B)	(C)
(1)	adopt	his	faster	(2)	adopt	his	less fast
(3)	adapt	their	less fast	(4)	adapt	his	faster
(5)	adopt	their	faster				

점검하기

❶ 명사 + (which is) Ving : ~하고 있는 명사

(1) One day when our family drove into town, I focused intently on the big, paper, grocery store signs advertising the same type of produce that we grew.
어느 날 우리 가족이 차를 몰고 시내로 들어갈 때 우리가 재배하던 것과 똑같은 종류의 농산물을 광고하던 종이로 만든 커다란 상점 간판에 온통 관심이 쏠렸다.

(2) In Western Europe, steep gasoline taxes, investment policies favoring built-up areas over undeveloped greenfields, continuous investment in public transportation, and other policies have produced relatively compact cities.
서유럽에서는 엄청난 유류세, 미개발 초지보다 건물이 들어찬 지역을 선호하는 투자 정책, 대중교통에 대한 계속적인 투자와 다른 정책들이 상대적으로 조밀한 도시를 만들게 되었다.

(3) In the near future, I believe that most people will wear user-friendly computer equipment making their daily lives even more convenient.
가까운 미래에 대부분의 사람들이 일상생활을 훨씬 더 편리하게 만들어 주는 사용자 친화적인 컴퓨터 장비를 착용하고 다닐 것이다.

The Kalenjin runners carry certain genes (which adapt them to dwelling in hot, dry conditions at high altitudes.) They live on a plateau 7,000 feet above sea level. This would certainly explain the low heart rate. At such a high altitude, oxygen levels in the atmosphere start to fall. To compensate for this, the body has to increase the number of red blood cells carrying oxygen in the blood. When athletes (who have trained at high altitudes) come down to sea level to compete, they still carry extra red blood cells and this gives them a huge power advantage in their running. The heart has to beat less fast to carry the same amount of oxygen around the body.

해석
Kalenjin에 사는 달리기 선수들은 고도가 높은 덥고, 건조한 상태에서 생활할 수 있도록 적응시켜주는 특정한 유전자를 가지고 있다. 그들은 해발 7,000 피트의 고원지대에 산다. 이것 때문에 그들이 심장박동수가 낮다는 것을 분명히 설명해준다. 그러한 높은 고도에서는 대기 중의 산소의 비율이 낮아지게 된다. 이것을 보충하기 위해서 몸은 혈액 속에 있는 산소를 운반하는 적혈구의 양을 증가 시켜야만 한다. 고지대에서 훈련을 받아온 운동선수들이 경기를 위해 낮은 곳으로 내려올 때에도 그들은 여전히 여분의 적혈구를 가지고 있으며, 이것은 그들이 달릴 때 엄청난 힘의 이점을 가져다준다. 심장은 몸속 곳곳에 같은 양의 산소를 운반하기 위해 심장박동을 느리게 해야 한다.

정답
③ 번 – (A) adapt   (B) their   (C) less fast

해설
(A) adapt : 적응시키다   (B) 복수의 소유격

093 다음 글에서 밑줄 친 부분 중, 어법상 틀린 것은?

The bee has been aptly ① described as "busy." To produce one pound of honey, the bee must visit 56,000 clover heads. Since each head has about sixty flower tubes, a total of 3,360,000 visits are necessary to give us (1) that pound of honey for the breakfast table. Meanwhile, (2) that worker bee has flown the equivalent of three times around the world. (3) To produce one tablespoon of honey for our toast, the little bee makes 4,200 trips to flowers. He makes about ten trips a day to the fields, ② each trip lasting twenty minutes on average to an average of four hundred flowers. A worker bee will fly (4) as far as eight miles if he cannot find a nectar flower that is nearer. Therefore, when you feel (5) whether persistence is a difficult task, think of the bee.

점검하기

① A be p.p as B = Vt A as B : (70개의 수동태 주요 숙어)A를 B로 ~하게되다

(1) The body has been viewed as a 'natural' phenomenon — a fixed, unchanging fact of nature. Recently, however, it is also being seen as a part of culture in the sense that it can be socially defined in different ways.
신체는 고정되고 불변하는 자연의 사실인 자연 현상으로 여겨져 왔다. 하지만 최근에 그것은 사회적으로 다르게 정의될 수 있다는 점에서, 문화의 일부분으로 여겨지기도 한다.

(2) A tight violin string can be viewed as composed of many individual pieces that are connected in a chain as in the above two figures.
팽팽한 바이올린 줄은 위의 두 그림에서처럼 연쇄적으로 연결되어 있는 많은 개별적인 부분들로 구성되어 있는 것으로 볼 수 있다.

(3) There are many everyday misunderstandings which are classified as "folk" understandings.
'평민들의' 생각으로 분류되는 많은 잘못된 생각들이 있다.

② each +단수명사

(1) The smell of gasoline going into a car's tank during a refueling stop, when combined with the fact that each day nearly a billion gallons of crude oil are refined and used in the United States, can allow our imagination to spread outward into the vast global network of energy trade and politics.
연료를 보급하기 위해 멈추는 동안에 자동차의 연료탱크 안으로 들어가는 휘발유의 냄새는, 미국에서 매일 거의 10억 갤런의 원유가 정제되고 사용된다는 사실과 결합이 될 때, 우리의 상상력은 에너지 무역과 정치의 거대한 국제적인 연결망으로 퍼져 나갈 수 있을 것이다.

칼분석 100지문

The bee has been aptly described as "busy." To produce one pound of honey, the bee must visit 56,000 clover heads. Since each head has about sixty flower tubes, a total of 3,360,000 visits are necessary to give us that pound of honey for the breakfast table. Meanwhile, that worker bee has flown the equivalent of three times around the world. To produce one tablespoon of honey for our toast, the little bee makes 4,200 trips to flowers. He makes about ten trips a day to the fields, each trip lasting twenty minutes on average to an average of four hundred flowers. A worker bee will fly as far as eight miles if he cannot find a nectar flower (that is nearer.) Therefore, when you feel [that persistence is a difficult task,] think of the bee.

해석
꿀벌이 "바쁘다고" 묘사되어 온 것은 적절하다. 일 파운드의 꿀을 만들어 내기 위해서 꿀벌은 56,000개의 클로버 꽃 머리를 찾아가야 한다. 각각의 꽃 머리는 60개의 꽃관을 가지고 있으므로, 아침 식탁에 꿀 일 파운드를 우리에게 주려면 총 3,360,000번의 방문이 필요하다. 그러는 동안, 그 일벌은 세계를 세 번 도는 것에 해당되는 거리를 날아간 셈이다. 우리 빵에 바를 꿀 한 숟가락을 만들려면, 작은 꿀벌은 꽃으로 4,200번 여행을 한다. 그는 들판으로 하루에 열 번 가량 가고, 각각의 여행은 평균 400송이의 꽃을 찾아다니는 데 평균 20분이 걸린다. 일벌은 가까운 곳에 달콤하게 마실 꽃을 발견하지 못하면 8마일만큼을 날아갈 것이다. 그러므로 인내가 힘든 일이라고 느낄 때 벌을 기억해 보라.

정답
(5) whether → that

해설
의미상 두 개의 사실이 아니라 하나의 사실이기 때문

094 다음 글에서 밑줄 친 부분 중, 어법상 틀린 것은?

We need wild places (1) <u>which</u> we can experience the beauty of nature and observe natural biological diversity, ❶ <u>where</u> we can enhance our mental and physical health ❷ <u>by</u> getting away from noise, stress, and large numbers of people. (2) <u>Besides</u> providing recreation for growing numbers of people, wilderness has important ecological values. It provides (3) <u>undisturbed</u> habitats for wild plants and animals, protects diverse biomes from damage, and (4) <u>provides</u> a laboratory in which we can discover more about how nature works. Wilderness is a biodiversity bank and an eco-insurance policy. In the words of Henry David Thoreau, "In wilderness (5) <u>is</u> the preservation of the world."

점검하기

❶ 명사 + where S V : ~하는 명사(관계부사 후치수식) = 명사 + 전치사 + which + S + V

(1) The only period where the growth rate in the number of hours worked exceeded the labor productivity growth rate was the 1980-1989 period.
근로시간 수의 증가율이 노동 생산성 증가율을 초과한 유일한 기간은 1980~1989년 기간이었다.

(2) In practical situations where there is no room for error, we have learned to avoid vagueness in communication.
실수에 대한 여유가 전혀 없는 실제적인 상황에서는 의사소통에 있어서 애매함을 피하라고 우리는 배웠다. (where = in which)

(3) Habitat diversity refers to the variety of places where life exists.
서식지 다양성이란 생물이 존재하는 장소들의 다양성을 말하는 것이다. (where = in which)

(4) Considering the habitat of these trees, such as rocky areas where the soil is poor and precipitation is slight, it seems almost incredible that they should live so long or even survive at all.
토양이 척박하고 강수량이 적은, 암석이 많은 지역 같은 이 나무들의 서식지를 고려해 보면, 이 나무들이 그렇게 오래 살고 또는 심지어 살아남는 것조차 거의 믿을 수 없는 것처럼 보인다. (where = in which)

❷ by ~ing: ~함으로써

(1) Some of us have faith that we shall solve our dependence on fossil fuels by developing new technologies for hydrogen engines, wind energy, or solar energy.
우리들 중 일부는 수소엔진, 풍력에너지, 또는 태양에너지를 얻기 위한 새로운 기술을 개발함으로써 화석연료에 대한 의존을 해결할 거라는 믿음을 가지고 있다

(2) Make writing as easy for you as you can by not being concerned with how good the first draft is.
초고가 얼마나 좋으냐에 대해 상관하지 않음으로써 당신이 할 수 있는 한 글쓰기를 쉬운 것으로 만들어라. 당신이 나중에 추구하기를 원하는 생각들을 교정하고 다듬을 시간이 있을 것이다.

칼분석 100지문

We need wild places (where we can experience the beauty of nature and observe natural biological diversity,) where we can enhance our mental and physical health by getting away from noise, stress, and large numbers of people. Besides providing recreation for growing numbers of people, wilderness has important ecological values. It provides undisturbed habitats for wild plants and animals, protects diverse biomes from damage, and provides a laboratory (in which we can discover more about [how nature works.]) Wilderness is a biodiversity bank and an eco-insurance policy. In the words of Henry David Thoreau, "In wilderness is the preservation of the world."

해석
우리는 자연미를 경험하고 자연의 생물학적 다양성을 관찰할 수 있는 천연의 장소들이 필요하다. 우리는 그곳에서 소음, 스트레스, 그리고 많은 사람들로부터 벗어남으로써 정신, 육체적 건강을 증진시킬 수 있다. 증가하는 많은 사람을 위한 휴식을 제공 하는 것 외에도, 천연의 장소는 중요한 생태적 가치를 가진다. 이것은 야생 식물과 동물을 위한 방해받지 않는 서식지를 제공하고, 손상으로부터 다양한 생물 군계를 보호하며, 자연의 작동원리에 관해 더 많은 것을 발견할 수 있는 실험실을 제공한다. 천연의 장소는 생물 종을 보관하는 은행이며 생태 보험이다. Henry David Thoreau는 "천연의 장소는 세상을 보존하는 장소이다."라고 말하였다.

정답
(1) which → where

해설
(혹은 in which)

095 다음 글에서 밑줄 친 부분 중, 어법상 틀린 것은?

The two principal ways ❶ in which (1) <u>immigrant groups</u> adjust to the dominant culture of the host country are assimilation and *acculturation. Some ethnic groups ❷ appear (2) <u>to have been</u> almost completely assimilated, but Puerto Ricans remain (3) <u>a clearly identifiable minority community</u>. Puerto Ricans have followed the examples of previous immigrant groups by clustering in their own ethnic communities. They have created islands within a city (4) <u>where</u> Spanish is spoken, native foods are available, Latin music is heard, and other elements of the island lifestyle are evident. The cultural familiarity of the region keeps many Puerto Ricans (5) <u>leaving</u> even when they can find better housing else where, and slows the process of assimilation.

*acculturation 문화변용

점검하기

❶ 전치사 + which S + V : 관계사절 속에서 전치사의 위치

(1) Since people generally like what they are good at, I propose that our children focus on areas in which they excel. (in which they excel = which they excel in)
일반적으로 사람들은 자신에게 능숙한 일을 좋아하기 때문에 나는 아이들에게 그들이 뛰어난 분야에 집중하라고 말한다.

(2) Areas which children are considered good at in sixth grade may not be the same ones in which they excel by the end of their senior year. (=Areas at which children are considered good at)
아이들이 6학년 때 재능을 보인다고 여겨지는 분야는 고등학교 마지막 학년을 마칠 때 뛰어남을 보이는 분야와 같지 않을 수 있다.

❷ S + seem to V.R = S + appear to V.R ~하는 것처럼 보이다

(1) War seems to be part of the history of humanity.
전쟁은 인류 역사의 일부인 듯하다.

(2) Just a simple change of language seemed to invite the students to process and store information in a much more flexible format, and thus be able to look at it and make use of it in different ways.
단지 단순한 언어의 변화가 학생들을 훨씬 더 융통성 있는 체제로 정보를 처리하고 저장하도록, 따라서 다른 방식으로 그것을 보고 그것을 이용할 수 있게 안내하는 것 같았다.

칼분석 100지문

The two principal ways (in which immigrant groups adjust to the dominant culture of the host country) are assimilation and *acculturation. Some ethnic groups appear to have been almost completely assimilated, but Puerto Ricans remain a clearly identifiable minority community. Puerto Ricans have followed the examples of previous immigrant groups by clustering in their own ethnic communities. They have created islands within a city (where Spanish is spoken, native foods are available, Latin music is heard, and other elements of the island lifestyle are evident.) The cultural familiarity of the region keeps many Puerto Ricans from leaving even when they can find better housing elsewhere, and slows the process of assimilation.

*acculturation 문화변용

해석

이주해 온 그룹들이 그 나라의 주된 문화에 적응해 나가는 주요한 두 가지 방법으로 동화와 문화 변용이 있다. 몇몇 민족 그룹은 거의 완전히 동화되어진 것으로 보이지만, 푸에르토리코인들은 명확히 구별되는 소수 공동체로 남아 있다. 푸에르토리코인들은 그들의 민족 공동체에 군집하는 것으로 이전 이주 그룹의 예를 따라왔다. 그들은 스페인 어가 말해지고, 그들 독자적인 음식이 있고, 라틴 음악이 들리는, 그리고 그 삶의 양식의 다른 요소이 명확한 도시 내의 하나의 '섬'을 만들어 내었다. 그 도시 구획의 문화적인 친숙함은 많은 푸에르토리코인들이 다른 지역에서 더 좋은 거주 환경을 발견할지라도 떠나지 못하게 막았고, 이것이 동화의 과정을 늦추고 있다.

정답

(5) leaving → from leaving

해설

keep + O + from + Ving

096 다음 글에서 밑줄 친 부분 중, 어법상 틀린 것은?

The hypothesis of natural selection may not be a complete explanation, but it led to a greater thing than itself - an acceptance of the theory of organic evolution, which the years (1) <u>are but confirmed</u>. Yet at first some naturalists (2) <u>joined the opposition</u>, and the famous anatomist Sir Richard Owen wrote an (3) <u>adverse</u> review. To the many, who ❶ <u>were unable to</u> judge the biological evidence, the effect of the theory of evolution seemed to be incredible (4) ❷ <u>as well as</u> devastating, to (5) <u>run counter to</u> common sense and to overwhelm all philosophic and religious landmarks.

점검하기

❶ be able to V.R = can

(1) A friend of mine and his wife were in Hawaii, standing on a beach, watching a beautiful sunset — hardly able to believe how magnificent the sight was.
나의 한 친구가 그의 아내와 함께 하와이에 가서 해변에 서서 아름다운 노을을 보고 있었는데 그 광경은 너무 장엄하여 믿을 수가 없을 정도였다.

(2) So, be sure to make your budget realistic, so that you can be confident that you will be able to pay for all aspects of the trip.
그러니 반드시 당신의 예산을 현실적으로 만들도록 하라. 그러면 당신은 여행의 모든 측면에 돈을 지불 할 수 있게 될 것이라고 확신할 수 있다.

❷ not only A but also B = B as well as A A 뿐 만 아니라 B도

(1) Therefore, the value of the original results not only from its uniqueness but from its being the source from which reproductions are made.
그 때문에 원작의 가치는 그것의 독특함에서 나올 뿐만 아니라 그것이 복제품들이 만들어지는 원천이 될 수 있다는 것에서 나오기도 한다.

(2) Not only does the 'leaf fish' look like a leaf, but it also imitates the movement of a drifting leaf underwater.
[주의* not only 뒤에 절이 나오는 경우에 not only 조동사 S 동사원형의 의문문 어순이 나온다] 'leaf fish'는 나뭇잎처럼 보일 뿐만 아니라, 물속에서 떠다니는 잎의 움직임을 흉내 낸다.

(3) Not only could they see nothing in front of them, but they were tired and ill and could not walk any more.
[주의* not only 뒤에 절이 나오는 경우에 not only 조동사 S 동사원형의 의문문 어순이 나온다] 그들은 앞을 전혀 볼 수 없었을 뿐만 아니라 지치고 병이 들어서 더 이상 걸을 수가 없었다.

칼분석 100지문

The hypothesis of natural selection may not be a complete explanation,
S₁   V₁   C₁

but it led to a greater thing than itself – an acceptance of the theory of
절의 병렬   S₂ V₂(타동사구)   O₂₋₁   O₂₋₂   → 부연설명

organic evolution, which the years have but confirmed. Yet at first some
          O₃   S₃   =only   V₃
앞의 사실 전체를 받아주는 목적격 관계 대명사

naturalists joined the opposition, and the famous anatomist Sir Richard
S₁   V₁   O₁   절의 병렬   S₂

Owen wrote an adverse review. To the many, (who were unable to
    V₂   O₂   S₁   V₁
                                          관대주격

judge the biological evidence,) the effect of the theory of evolution seemed
           O₁   S₂   V₂

to be incredible as well as devastating, to run counter to common
C₁   B   A   C₂₋₂(Vt₃)   O₃
(to부정사)   B as well as A = not only A but also B = A뿐만 아니라 B도

sense and to overwhelm all philosophic and religious landmarks.
            C₂₋₃(Vt₄)   O₄

해석
자연선택이라는 가설이 완벽한 설명은 아니겠지만, 그 자체보다 더 큰 것을 초래했는데, 그것은 생물의 진화론의 수용이었고 세월이 흐름에 따라 확인되었다. 그러나 처음에는 일부 자연주의자들이 반대했고, 리차드 오웬경과 같은 유명한 해부학자도 반대 견해를 썼다. 생물학적 증거를 판단할 수 없었던 많은 사람들에게 진화론의 영향은 파괴적일 뿐만 아니라 믿을 수 없는 것이었고, 상식에 위배되기도 하고, 모든 철학적 종교적 획기적인 사건을 압도하는 것 같았다.

정답
(1) are but confirmed → have but confirmed

해설
which가 confirm의 목적어 이므로 능동술어 사용

비상구 100지문

097　다음 글의 요지는?

　Researchers are looking everywhere for new energy sources. One possible source of energy (1) <u>grows on farms.</u> Corn, or maize, contains oil and sugar. It (2) ❶ <u>can be made into</u> fuel of automobiles or generators that produce electricity. But the story on growing energy doesn't stop with corn. There are other possible sources of energy on a farm. Animal waste can be made into a gas, methane. Methane burns with clean heat. The drawback (3) <u>to methane</u> is collecting enough animal waste to make the gas. And the raw material (4) <u>smells bad-</u> ❷ <u>although</u> the gas itself is odorless and colorless. The farm story on energy (5) <u>doesn't end with methane too.</u> All kinds of organic matter can become gas.

(1) 무공해 에너지 개발이 시급하다
(2) 농장은 새로운 대체 에너지원의 보고이다
(3) 메탄 가스는 무색, 무취여서 발견하기 어렵다
(4) 에너지 관련 산업의 발전가능성은 무궁무진하다
(5) 새로운 에너지원의 개발에 인류의 미래가 달려있다

점검하기

❶ 조동사 be + pp 수동태

(1) There are some people who believe that no one should be trusted.
신뢰할 사람이 아무도 없다고 믿는 일부 사람들이 있다.

(2) The habit of scratching can be replaced with rubbing in some lotion or patting with the palm of the hand.
긁는 습관은 로션으로 문지르거나 손바닥으로 가볍게 치는 것으로 대체될 수 있을 것이다.

(3) What disturbs me is the idea that good behavior must be reinforced with incentives.
나를 혼란스럽게 하는 것은 좋은 행동이 자극으로 강화될 수 있다는 생각이다.

❷ Although S2 + V2, S1 + V1 : 비록 ~일지라도 ~하다

(1) Although a speech can be effective, all the words in the world cannot measure up to the example of a leader, especially in communicating new behaviors and values.
연설이 효과적일 수 있지만, 세상의 모든 말도 지도자의 본보기에 부합할 수는 없는데, 새로운 행동이나 가치를 전달할 때는 특히 그러하다.

(2) Although the string's uniform tension still gives those outward forces equal magnitudes, they now point inslightly different directions, and each piece experiences a zero net force.
비록 줄의 균일한 긴장이 여전히 밖으로 향하는 힘들에게 동일한 크기를 주지만, 그것들은 이제 약간 다른 방향으로 향해있고, 그래서 각 부분은 제로의(→약간의) 합력을 경험한다.

칼분석 100지문

Researchers are looking everywhere for new energy sources. One possible source of energy grows on farms. Corn, or maize, contains oil and sugar. It can be made into fuel of automobiles or generators (that produce electricity.) But the story on growing energy doesn't stop with corn. There are other possible sources of energy on a farm. Animal waste can be made into a gas, methane. Methane burns with clean heat. The drawback to methane is collecting enough animal waste to make the gas. And the raw material smells bad- although the gas itself is odorless and colorless. The farm story on energy doesn't end with methane either. All kinds of organic matter can become gas.

해석
연구자들은 새 에너지원을 찾기 위해 모든 곳을 둘러보고있다. 한 가지 가능성 있는 에너지의 원천은 농촌에서 자란다. 옥수수나 사탕수수는 기름과 설탕을 포함하고 있다. 그것은 자동차의 연료나 전기를 생산하는 발전기의 연료로 되어질 수 있다. 그러나 성장하고 있는 에너지에 관한 이야기는 옥수수에서 그치지 않는다. 농촌에는 또 다른 사용 가능한 에너지원이 있다. 동물의 배설물로부터 가스인 메탄이 만들어질 수 있다. 메탄은 깨끗한 열을 내며 탄다. 메탄의 결점은 가스를 만들기 위한 충분한 동물 배설물을 모으는 것이다. 그리고 (처리 안 된) 원재료(배설물)는 나쁜 냄새가 난다. - 비록 가스 자체는 무취, 무색일지라도. 에너지에 관한 농장이야기는 또한 메탄과 함께(메탄으로) 끝나는 것은 아니다. 모든 종류의 유기물은 가스가 될 수 있다.

정답
(2) 농장은 새로운 대체 에너지원의 보고이다
(5) doesn't end with methane too → doesn't end with methane either

해설
부정문에서는 '역시'의 의미로 either 사용

098 다음의 어법 중 어색한 곳은?

Many animals are able to communicate with one another, although, of course, none of them can talk (1) <u>as we are</u>. No animals use words. Yet they have got (2) <u>means of communication</u>. Take birds, for example; a hen with chicks (3) <u>gives a warning noise</u> and all her chicks crouch down motionless, until the mother makes another call which (4) <u>collects them together</u>. Wild birds, ❶ when migrating at night, cry out; these cries (5) <u>keep the birds from being apart</u>.

점검하기

❶ 부사절에서의 S be 생략

(1) The earliest footwear was undoubtedly born of the necessity to provide some protection when moving over rough ground in varying weather conditions.
최초의 신발은 다양한 계절에 따른 거친 땅 위를 걷는데 따른 발을 보호하기 위한 필요에 의해서 생겨났다는 것은 의심할 여지가 없다.

(2) The most frequent answers are: 'resting in bed,' 'walking in nature,' 'listening to music while driving in my car,' and 'relaxing in the bath.'
가장 자주 나온 답들은 다음과 같다 : '침대에 쉴 때', '자연에서 걸을 때', '운전 중 음악을 들을 때' 그리고 '욕실에서 쉴 때'

(3) However, the result may be different when the features are separated from the context as shown in Figure B.
그러나 그 이목구비들이 그림 B에 나온 것처럼 배경으로부터 분리될 때 결과는 다를 수 있다.

칼분석 100지문

Many animals are able to communicate with one another, although, of course, none of them can talk as we can. No animals use words. Yet they have got means of communication. Take birds, for example; a hen with chicks gives a warning noise and all her chicks crouch down motionless, until the mother makes another call (which collects them together.) Wild birds, when migrating at night, cry out; these cries keep the birds from being apart.

keep + O + from Ving = O가 ing 하는 것을 막다

해석

비록 많은 동물들이 서로 의사소통을 할 수는 있지만, 역시나 그들(동물) 중 우리(인간)처럼 대화를 할 수 있는 것은 없다. 어느 동물도 말을 사용하지는 않는다. 그러나 그들은 의사소통의 수단을 가지고 있다. 새를 예로 들면, 병아리와 함께 있는 닭은 경고의 소리를 내고, 어미 닭이 그 병아리들을 모으는 또 다른 신호를 보낼 때 까지 모든 병아리들은 머리를 숙이고 움직이지 않는다. 야생 새들은, 밤에 이동을 할 때 울부짖는다. 이러한 울음들은 새들이 흩어지는 것을 막는다.

정답

(1) as we are → as we can

해설

앞의 술어동사 can talk 과 일치하는 축약

099 각 빈 곳에 적절한 것은?

"You can't imagine (A) climbing with my boots tied at the ankles." That's ❶ how he described his journey to the top of Matterhorn. Mount Matterhorn lies in the Alps and is 4,505 meters high. But it may be better known as the last mountain in the Alps to be conquered. On July 25, 1994, a nine-yearold Korean boy scaled the summit of Matterhorn. He is the youngest person ever to have done so. He ❷ stands only 125 centimeters in his socks. He was (B) that even the smallest mountain-climbing boots were much bigger than his feet.

	(A)	(B)
(1)	how hard a time I had	so small a boy
(2)	how hard a time I had	so a small boy
(3)	how I had a hard time	such a small boy
(4)	how hard I had a time	such a small boy
(5)	how a hard time I had	such a small boy

점검하기

❶ how + S + V : 어떻게 S가 V 하는지를

(1) Figures A and B demonstrate how dew point is measured by a dew point hygrometer.
그림 A와 B는 이슬점 습도계로 이슬점이 어떻게 측정되는지를 보여준다.

(2) Meanwhile, I thought of how the type of 'imperfect' produce we ate for dinner, just as healthy as that sold at the store, was often tossed on the compost heap or left in the ground.
한편으로 나는 그 상점에서 팔던 것과 똑같이 건강에 좋은, 저녁 식사에 우리가 먹던 그런 '결함이 있는' 농산물이 흔히 어떻게 퇴비 더미에 버려지거나 (수확하지 않은 채로) 땅속에 그냥 남아있게 되는지에 대해 생각해보았다.

❷ stand + 수치 : 일어선 수치가 ~이다

(1) The horse stands 150cm to his back.
그 말은 등까지 150cm의 키이다.

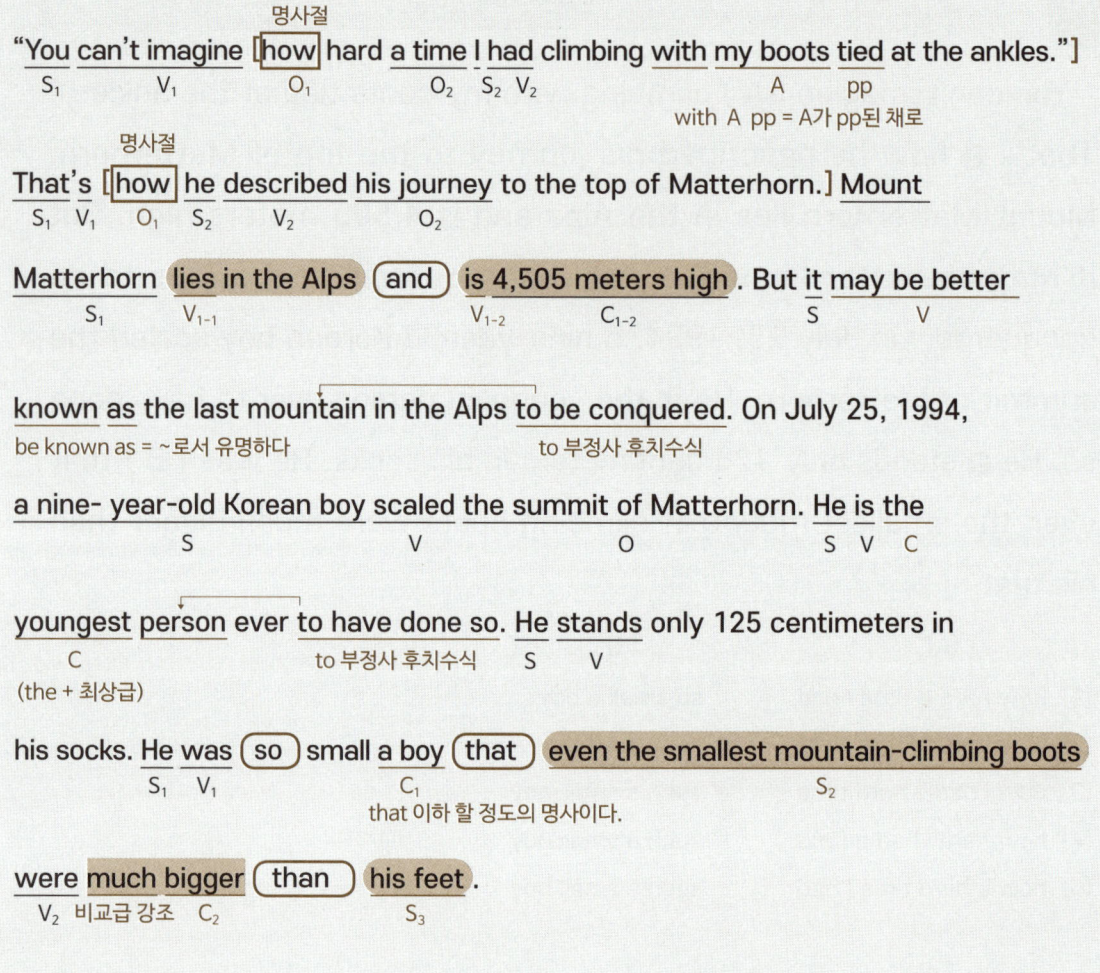

해석
발목에 등산화 끈을 동여맨 채 산을 오르느라 제가 얼마나 고생했는지 상상도 못할 것입니다. 이렇게 그는 Matterhorn 정상에 이르는 여정을 표현했다. Matterhorn 은 알프스 산맥에 위치하고 있으며 높이는 4505 미터이다. 그런데 이 산은 알프스에서 최후로 인간에게 정복된 산으로 더 잘 알려져 있을 것이다. 1994년 7월 25일, 9살의 한국 소년이 이 산의 정상에 올랐다. 그는 이제까지 그 산을 오른 사람들 중에서 가장 나이어린 사람이다. 그는 양말을 신은 채 잰 키가 125 센티이다. 그는 키가 매우 작은 소년이어서 가장 작은 등산화조차 그의 발보다는 컸다.

정답
① 번 - (A) how hard a time I had   (B) so small a boy

해설
어순전환 문제
a(an) + 형 + 명 → how + 형 + a(an) + 명
such + a(an) + 형 + 명 → so + 형 + a(an) + 명

비상구 100지문

100 각 부분에서 알맞은 것을 선택하시오.

Miss Evans heard a mother (A) [to call / calling] to her children. Miss Evans said in a firm voice to the man who was taking care of the boat, " Let me go back to the ship. Let the woman (B) [take / to take] my place. I have no children. I'm not married." " The ship will sink," said the man. There was no time to talk any more. People ❶ helped the mother to get down into the lifeboat. The lifeboat moved away from the ship, and it had not gone very far when the liner went down under water with great noise. It gave everybody great sorrow to see the ship (C) [go / to go] down.

	(A)	(B)	(C)		(A)	(B)	(C)
(1)	to call	to take	to go	(2)	to call	take	to go
(3)	calling	take	to go	(4)	calling	take	go
(5)	calling	to take	go				

점검하기

❶ help + A + (to) V.R: A가 ~하는 것을 돕다

(1) As she **helped Joan clean up**, she tried to think of a way to compensate her for the damage.
Joan이 치우는 것을 도우며, 그녀는 그 손해에 대해 그녀에게 보상하는 방법을 생각해 내려고 했다.

(2) This hole helps **the kite fly fast** regardless of the wind speed by concentrating the wind on days when the wind is light, and letting it pass through when the wind is blowing hard.
이 구멍은 바람이 약한 날에는 바람을 모으고, 바람이 강하게 불 때는 그것이 통과해가도록 함으로써 바람의 속도에 상관없이 연을 빨리 날게 하도록 도와준다.

칼분석 100지문

Miss Evans heard a mother calling to her children. Miss
    S   V   O   ing
            hear + O + ing

Evans said in a firm voice to the man (who was taking care of the boat,)
  S_1 V_1 S_2 V_2(타동사구) O_2
                                관대주격

"Let me go back to the ship. Let the woman take my place.
 $V.R_3$ O_3 $O·C_3$(V.R) $V.R_1$ O_1 $O·C_1$(V.R)
 let + O + V.R

I have no children. I'm not married." "The ship will sink," said the man.
S V   O   S V   C S_1 V_1 V_2 S_2

There was no time (to talk any more.) People helped the mother to get
     V   S   to부정사 후치수식   S   V   O
                 : ~할 시간

down into the lifeboat. The lifeboat moved away from the ship, (and) it had
  O·C(to부정사) S_1 V_1 절의 병렬 S_2

not gone very far when the liner went down under water with great noise.
  V_2 = before S_3 V_3

It gave everybody great sorrow to see the ship go down.
가S_1 V_1 I·O_1 D·O_1 진S_1($V t_2$) O_2 $O·C_2$(V.R)   see + O + to V.R

해석
Evans 는 어떤 어머니가 아이들을 부르는 소리를 들었다. 그녀는 보트를 돌보고 있던 남자에게 단호한 목소리로 말했다. 나를 배로 돌려보내 주세요. 저 여자가 내 자리를 차지하도록 하세요. 나는 아이가 없고 결혼하지 않았습니다. 배가 가라앉을 거라고 남자가 말했다. 더 이상 말하고 있을 시간이 없었다. 사람들이 그 어머니가 구명보트로 내려오는 것을 도왔다. 그 구명보트는 배에서 멀어져 갔고 얼마가지 않아서 그 유람선이 큰소리를 내면서 가라 앉았다. 그 배가 가라앉는 것을 보는 것은 모든 사람에게 큰 슬픔을 주었다.

정답
④ 번 – (A) calling   (B) take   (C) go

해설
let, make, have + O + V.R
see, hear + O + V.R(-ing)